Suppen mit Pfiff

Peter Nikolay

Suppen sind *die* Vorspeisen schlechthin. Kaum ein anderer Menügang erfreut sich so großer Beliebtheit. Ob klassische, trendige oder internationale Kreationen, ob eine leichte Kürbissuppe oder ein deftiger Eintopf, alles kommt delikat und herrlich duftend auf den Tisch – auch als Hauptgericht. Guten Appetit!

Inhalt

Alle Rezepte auf einen Blick

	Seite	kcal je Portion	aufwärmen	deftig	vegetarisch	< 500 kcal	preiswert	schnell	einfach	ausgefallen
Hühnersuppe mit Frühlingsgemüse	10	640		+			+			
Kartoffelsuppe mit Frühlingszwiebeln	12	490	+	+	+		+	+	+	
Muschelsuppe mit Wurzelgemüse	13	460			+	+		+		+
Sauerkrautsuppe mit Speck	14	510	+	+			+	+	+	
Steckrübeneintopf mit Schweineschulter	15	540	+	+					+	+
Wirsingeintopf mit Lamm	16	650	+							+
Gurken-Senf-Suppe mit Mettbällchen	18	430		+			+	+	+	+
Ochsenschwanzeintopf mit Gemüse	20	640	+	+					+	
Möhrencremesuppe mit Putenbrust	22	400	+			+	+	+	+	
Grüner Bohneneintopf mit Huhn	23	850	+	+						
Erbsencremesuppe	24	620	+		+		+	+	+	
Tomatenschaumsuppe mit Basilikum	24	670	+		+		+	+	+	
Kürbissuppe mit Tofu	26	280	+		+	+	+	+	+	+
Kartoffel-Rucola-Suppe	28	920	+	+						+
Petersilienwurzelcreme mit frischen Pfifferlingen	29	530			+			+	+	+
Sauerampfersuppe mit geräuchertem Lachs	30	480							+	+
Fenchelcreme mit Safran	32	560	+		+			+	+	+
Grüne Spargelcremesuppe	32	470	+		+	+				
Schwarzwurzelcreme	34	700	+	+						
Lachscremesuppe	35	550	+							

	Seite	kcal je Portion	aufwärmen	deftig	vegetarisch	< 500 kcal	preiswert	schnell	einfach	ausgefallen
Spinatsuppe mit gerösteten Nüssen	36	640			+			+	+	+
Selleriesuppe mit Austernpilzen	38	450			+	+		+	+	
Brunnenkressesuppe mit Pinienkernen	39	450	+		+	+	+	+		
Rote-Bete-Suppe mit Matjeshering	40	400		+		+			+	
Erdnuss-Suppe aus Ghana	42	770	+							+
Karibische Orangen-Tomaten-Suppe	43	300	+		+	+	+			+
Fischsuppe mit Kokossahne	44	360	+			+				+
Kokosnuss-Suppe aus Bahia	46	520	+			+		+	+	+
Saudi-arabische Dattelsuppe	47	580	+	+						+
Enten-Curry-Suppe mit Mango	48	410	+	+		+				+
Sommersuppe mit Schafskäse	50	340	+		+	+	+		+	
Pinzgauer Knoblauchsuppe	52	640		+	+		+	+	+	
Ungarische Linsensuppe	53	1040	+	+						
Bouillabaisse Marseiller Art mit Aioli	54	1210	+	+						
Truthahneintopf mit roten Linsen	56	770	+	+						+
Israelische Kohlsuppe	58	770	+	+						+
Ukrainischer Borschtsch	59	860	+	+						
Andalusische Avocadosuppe	60	720	+					+	+	
Indische Currysuppe	61	530	+						+	

Heiß geliebte Klassiker

Suppen und Eintöpfe gehören zu den ältesten Gerichten der Welt und sind auch heute noch sehr beliebt. Früher bildeten sie – ergänzt durch ein Stück Brot – oft die Hauptmahlzeit und mussten ganze Familien oder die Arbeiter auf dem Feld sättigen. Doch auch in unseren Zeiten, wo das reichhaltige Angebot an leckeren Speisen sie etwas in den Hintergrund gedrängt hat, können sie nicht nur als Einleitung zu einem umfangreichen Menü glänzen, sondern auch als nahrhafter Mittelpunkt einer Mahlzeit überzeugen. Mit vielerlei Zutaten lassen sie sich abwechslungsreich abwandeln und zu den erstaunlichsten Kreationen kombinieren.

Für jede Gelegenheit

In diesem Buch werden neben den klassischen Rezepten für Suppen und Eintöpfe mit Fleisch, Fisch und Geflügel oder auf vegetarische Art auch eine Vielzahl neuer Varianten präsentiert. Die bunte Rezeptvielfalt dieses Buchs spiegelt wider, dass Suppen und Eintöpfe überall auf der Welt eine lange Tradition haben und dass die altbewährten Rezepte die Küchenchefs der jeweiligen Länder inspiriert haben, neue Kochideen fantasievoll umzusetzen.

Suppen und Eintöpfe lassen sich gut für eine größere Personenzahl zubereiten, denn wenn die Zutatenmengen erhöht werden, ändert sich die Zubereitungszeit nur durch die etwas längere Vorbereitung und nicht durch die Garzeit. Dadurch eignen sie sich hervorragend für Feiern, bei denen größere Mengen eines Gerichts serviert werden.

Grundrezepte für Fonds und Brühen

Entscheidend für das Gelingen einer guten Suppe oder eines Eintopfes sind gute Brühen und Fonds und natürlich eine sorgfältige Zubereitung mit frischen, qualitativ hochwertigen Zutaten. Fonds und Brühen lassen sich sehr gut vorbereiten und einfrieren, sodass man bei Bedarf auf den Vorrat in der Kühltruhe zurückgreifen kann. Im Folgenden einige Grundrezepte.

Kalbsfond (ca. 2 l)

200 g Zwiebeln
1 Möhre
150 g Knollensellerie
1 Stange Lauch
1/2 Bund Petersilie
1 Zweig Thymian
1 1/2 kg Kalbsknochen, in kleine Stücke gehackt
2 Lorbeerblätter
1 EL Salz
5 schwarze Pfefferkörner

1 Die Zwiebeln, die Möhre und den Sellerie schälen und in etwa 2 cm große Stücke schneiden. Den Lauch putzen, waschen und ebenfalls in 2 cm große Stücke schneiden. Petersilie und Thymian waschen.

2 Die Knochen mit 2 1/2 l Wasser in einem großen Topf aufkochen lassen, das Wasser wegschütten und weitere 2 1/2 l Wasser angießen. Alles erneut aufkochen und danach noch etwa 15 Minuten zugedeckt köcheln lassen. Immer wieder den Schaum abschöpfen.

3 Das geschnittene Gemüse, die Kräuter und die Würzzutaten in den Fond geben und alles etwa 3 Stunden zugedeckt köcheln lassen. Zum Schluss den Fond durch ein feines Sieb geben.

Rinderfond, Lammfond, Wildfond und Geflügelfond

Diese Fonds lassen sich auf die gleiche Weise herstellen wie der Kalbsfond. Sie müssen lediglich die Kalbsknochen durch Knochen der jeweiligen Tierart austauchen.

Fischfond (ca. 2 l)

1 Möhre
300 g Zwiebeln
150 g Petersilienwurzeln
1 Stange Lauch
1 1/2 kg Fischgräten und -schwänze
Saft von 1 Zitrone
1 Lorbeerblatt
1 TL Salz
5 schwarze Pfefferkörner

1 Die Möhre, die Zwiebeln und die Petersilienwurzeln schälen und in etwa 2 cm große Stücke schneiden. Den Lauch putzen, waschen und ebenfalls in 2 cm große Stücke schneiden.

2 Die Fischgräten und -schwänze waschen, in etwa 5 cm große Stücke schneiden und mit dem kalten Wasser in einem großen Topf aufkochen lassen. Alles noch 10 Minuten köcheln lassen und den Schaum abschöpfen.

3 Das Gemüse, den Zitronensaft und die Würzzutaten in den Fond geben und alles noch ungefähr 1 1/2 Stunden köcheln lassen.

4 Den Fond vom Herd nehmen und vorsichtig durch ein feines Sieb geben.

Gemüsebrühe (ca. 2 l)

100 g Petersilienwurzeln
2 Zwiebeln
1 Möhre
1 Stange Staudensellerie
1 Stange Lauch
1 Fleischtomate
4 Champignons
2 EL Butter
1 Zweig Thymian
2 Lorbeerblätter
1 TL Salz
5 schwarze Pfefferkörner

1 Die Petersilienwurzeln, die Zwiebeln und die Möhre schälen und in etwa 2 cm große Stücke schneiden. Den Staudensellerie, den Lauch, die Tomate und die Champignons waschen und in etwa 2 cm große Würfel schneiden.

2 Das Gemüse in der Butter in einem großen Topf etwa 3 Minuten andünsten und mit 2 1/2 l Wasser ablöschen. Den Thymian und die Würzzutaten in die Brühe geben und alles etwa 1 Stunde zugedeckt köcheln lassen.

3 Die Brühe durch ein feines Sieb geben. Statt des genannten Gemüses können Sie auch andere Sorten verwenden.

Tipps zu Fonds und Brühen

Um den eigenständigen Geschmack der jeweiligen Suppe hervorzuheben, sollten Sie möglichst keine Brühwürfel nehmen, sondern auf selbst zubereitete Brühen und Fonds oder auf Fertigprodukte zurückgreifen.

Sollte ein Fond oder eine Brühe durch zu langes Kochen trüb geworden sein, dann können Sie die Flüssigkeit durch Zugabe von etwas Rinderhackfleisch wieder klären. Geben Sie dafür pro Liter Brühe oder Fond 250 g Rinderhackfleisch oder Tatar in die kalte Flüssigkeit und rühren Sie alles gut durch. Erhitzen Sie die Flüssigkeit ganz langsam, ohne zu rühren. Lassen Sie alles etwa 10 Minuten bei geringer Hitze kochen. Die Flüssigkeit darf nicht sprudeln, sonst wird sie nicht klar. Die Brühe bzw. den Fond nach dem Köcheln etwas erkalten lassen und dann vorsichtig durch ein Haarsieb geben.

Suppen und Eintöpfe zubereiten

- Zum Pürieren einer Suppe geben Sie einen Teil der Flüssigkeit mit einem Teil der festen Bestandteile in einen Mixer. Nach dem Pürieren wird die restliche Suppe ebenso zerkleinert.
- Eine Suppe lässt sich mit Sahne und Eigelb binden. Für 1 l Suppe benötigen Sie 125 g Sahne, die Sie mit 3 Eigelben und etwa 150 ml Suppe verquirlen. Geben Sie diese Mischung unter Rühren in die heiße Suppe und lassen Sie alles noch etwa 2 Minuten ziehen.
- Falls Ihnen eine Suppe zu kräftig geraten ist, können Sie das Gericht mit Brühe verdünnen.

- Suppen und Eintöpfe sollten Sie grundsätzlich in vorgewärmten Tellern servieren, damit das Gericht länger heiß bleibt. Stellen Sie dazu die Teller für etwa 10 Minuten in den auf 140 °C vorgewärmten Ofen.
- Die meisten Suppen und Eintöpfe lassen sich sehr gut aufwärmen. Sie können beides also prima vorbereiten und müssen nicht in der Küche stehen, wenn Ihre Gäste kommen. Generell gilt jedoch: Halten Sie eine Suppe bzw. einen Eintopf nicht zu lange warm, andernfalls können die Zutaten einkochen, verlieren ihr Aroma, ihre Farbe und Vitamine.

Die Dekoration macht's

Eine Suppe oder ein Eintopf soll natürlich vor allem eines: schmecken. Aber auch dem Auge sollten sie gefallen. Kein Problem mit der passenden Garnierung. Es kommt nur darauf an, sich fantasievoller Variationen zu bedienen.

- Falls Sie eine Suppe mit einem Tupfer Sahne dekorieren möchten, sollten Sie dafür etwa 100 g süße Sahne schlagen. Eine kleinere Menge ist schwer herzustellen. Die restliche Sahne können Sie z. B. zu Sahnemeerrettich verarbeiten und zu kaltem Lachs servieren. Sie können auch eine Sauce damit verfeinern oder sie – als weitere Möglichkeit – zu Obstsalat servieren oder auf Kakao oder Kaffee geben.
- Kohlsuppen oder Borschtsch schmecken mit einem Klecks Crème fraîche auf der Oberfläche nochmal so gut.
- Cremesuppen lassen sich hübsch mit frischen Kräutern garnieren. Dafür z. B. Kerbel, Thymian oder Basilikum hacken bzw. die Blättchen von den Stielen zupfen und anschließend über die heiße Suppe streuen.
- Als Dekoration für Eintöpfe aller Art eignen sich frischer Schnittlauch und frische Petersilie.
- Ganz besonders delikat bei Fischeintöpfen sind geröstete, mit Knoblauch-Mayonnaise bestrichene Baguettescheiben. Die Knoblauch-Mayonnaise kann zusätzlich noch mit verschiedenen Kräutern verfeinert werden. Einfache Knoblauchbutter statt Mayonnaise erreicht ein ähnliches Ergebnis.

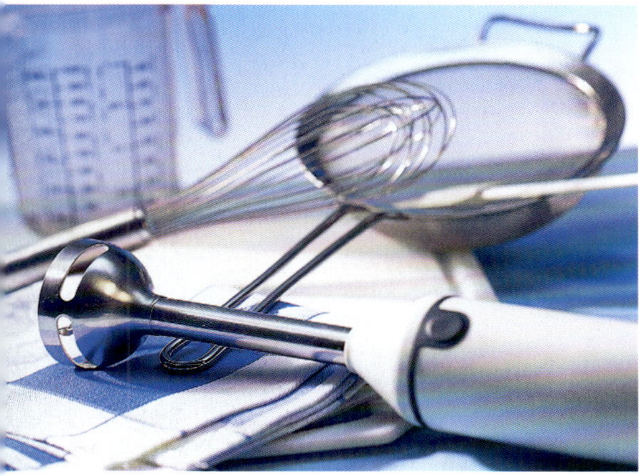

Die Rezepte

Hühnersuppe mit Frühlingsgemüse

- aufwärmen
- deftig
- vegetarisch
- < 500 kcal
- preiswert
- schnell
- einfach
- ausgefallen

Zutaten

1 Hühnchen von etwa 1 1/2 kg · 1 1/4 l Geflügelbrühe (Instant)

1 Möhre · 1 Stange Lauch · 1 Bund Petersilie · 1 Lorbeerblatt · 1/2 TL Salz

300 g Spargel · 200 g Zuckererbsenschoten · 8 Frühlingszwiebeln

2 frische Eigelbe · 250 g Sahne · 1 EL weißer Portwein · 1 Prise Cayennepfeffer · etwas Salz

Für 4 Personen
Zubereitungszeit: etwa 1 1/4 Std.
Garzeit: etwa 35 Min.
etwa 640 kcal je Portion

1 Das Hühnchen kalt abspülen, trockentupfen, halbieren und zusammen mit der Geflügelbrühe zum Kochen bringen. Nach einigen Minuten den Schaum von der Suppe abschöpfen.

2 Die Möhre waschen, schälen und in Stücke schneiden. Den Lauch putzen, der Länge nach halbieren, waschen und in Scheiben schneiden. Die Petersilie waschen, trockentupfen und fein hacken. Gemüse, Lorbeerblatt, Petersilie und etwas Salz zum Hühnchen geben und die Suppe 35 Minuten zugedeckt köcheln lassen.

3 Die Hühnchenhälften aus der Brühe nehmen und etwas abkühlen lassen. Das Fleisch von den Knochen lösen, häuten und in etwa 3 cm große Stücke schneiden.

4 Die Geflügelbrühe durch ein Sieb gießen und im offenen Topf auf etwa 3/4 l reduzieren. Inzwischen den Spargel waschen, schälen und in 2 cm große Stücke schneiden. Die Zuckererbsenschoten waschen und die Enden abschneiden. Die Frühlingszwiebeln putzen, waschen und der Länge nach halbieren.

5 Die Spargelstücke in den Sud geben und 5 Minuten zugedeckt köcheln lassen. Das übrige Gemüse hinzufügen und die Suppe weitere 5 Minuten köcheln lassen. Die Geflügelstücke dazugeben.

6 Die Eigelbe mit der Sahne verquirlen und in die Suppe geben. Diese kurz erhitzen, aber nicht kochen lassen. Die Suppe vom Herd nehmen und mit Salz, Portwein und Cayennepfeffer abschmecken. Dazu passt knuspriges Baguette oder kleine Partybrötchen.

Variation

Wenn Sie diese Suppe für besondere Anlässe verfeinern wollen, geben Sie einfach noch 300 g gegartes Hummerfleisch hinzu.

Kartoffelsuppe mit Frühlingszwiebeln

- aufwärmen
- deftig
- vegetarisch
- < 500 kcal
- preiswert
- schnell
- einfach
- ausgefallen

Zutaten

350 g Kartoffeln · 1 Knoblauchzehe · 80 g Schalotten · 1 Stange Staudensellerie

1 EL Mandel- oder Nussöl · 2 EL Butter

etwas Salz · 3/4 l Gemüsebrühe (Instant) · 250 g Sahne

100 g Joghurt · 100 ml trockener Sekt · etwas weißer Pfeffer aus der Mühle · etwas Salz · 1 Prise Cayennepfeffer

3 Frühlingszwiebeln · 1 EL Mandel- oder Nussöl · 60 g Mandelstifte

1 Zweig Koriander

Für 4 Personen
Zubereitungszeit: etwa 50 Min.
etwa 490 kcal je Portion

1 Die Kartoffeln waschen, schälen und würfeln. Den Knoblauch und die Schalotten schälen und fein hacken. Den Sellerie waschen und in kleine Stücke schneiden.

2 Dann 1 EL Öl und die Butter erhitzen. Darin das Gemüse und die Kartoffeln 2 Minuten anbraten.

3 Die Gemüse-Kartoffel-Mischung salzen, Brühe und Sahne beimengen und 10 Minuten zugedeckt köcheln lassen.

4 Den Joghurt zur Suppe geben und alles pürieren. Den Sekt dazugießen, die Suppe mit Pfeffer, Salz und Cayennepfeffer abschmecken und zugedeckt warm halten.

5 Die Frühlingszwiebeln waschen, in 1 cm große Stücke schneiden und im restlichen Öl glasig dünsten. Die Mandelstifte dazugeben.

6 Den Koriander waschen, trockentupfen und die Blätter abzupfen. Die Suppe in tiefe Teller geben, die Zwiebel-Mandel-Mischung hineingeben und alles mit dem Koriander garnieren. Zur Kartoffelsuppe schmeckt geröstetes Nussbrot oder Baguette.

Variation
Wenn Sie keinen Koriander bekommen, ersetzen Sie ihn durch Kerbel.

Zutaten

750 g frische Miesmuscheln

$^1/_4$ l trockener Weißwein · 2 Lorbeerblätter · 1 Prise Salz

1 große Zwiebel · 1 Möhre · 200 g Knollensellerie · 1 Stange Lauch

250 g Sahne · $^1/_2$ TL Senf · etwas weißer Pfeffer aus der Mühle · 60 g kalte Butter · 1 Spritzer Tabasco

etwas glattblättrige Petersilie

Für 4 Personen
Zubereitungszeit: etwa 50 Min.
etwa 460 kcal je Portion

Muschelsuppe mit Wurzelgemüse

1 Die Muscheln in kaltem Wasser mehrmals gut waschen, den Bart entfernen und abtropfen lassen. Alle Muscheln, die sich nicht schließen, wegwerfen.

2 Dann 1 l Wasser, Wein, Lorbeerblätter und Salz zum Kochen bringen. Die Muscheln hineingeben, aufkochen und nach etwa 3 Minuten mit einer Schaumkelle wieder herausnehmen; geschlossene Muscheln wegwerfen. 4 ganze Muscheln beiseite legen. Das Muschelfleisch aus den restlichen Muscheln herauslösen und beiseite legen.

3 Das Gemüse schälen, in feine Streifen schneiden, im Muschelsud 2 Minuten kochen und mit dem Schaumlöffel herausnehmen. Die Gemüsestreifen zum Muschelfleisch geben und warm stellen. Den Ofen auf 140 °C vorheizen und 4 Suppenteller darin anwärmen.

4 Die Sahne in den Sud geben und aufkochen lassen. Senf und Pfeffer hinzufügen. Die Butter in kleine Würfel schneiden, mit einem Schneebesen unter die Suppe rühren und diese mit Tabasco abschmecken.

5 Die Petersilie waschen, trockentupfen und die Blättchen abzupfen. Muschelfleisch und Gemüse auf die angewärmten Teller geben, die Suppe darüber gießen und mit der Petersilie und je einer ganzen Muschel garnieren. Mit Baguette servieren.

Tipps

Statt der Sahne können Sie auch Crème fraîche verwenden. Dadurch wird die Suppe cremiger.
Wenn Sie die Suppe stärker binden wollen, geben Sie noch etwas Butter hinzu.
Die Muscheln sollten nicht länger als angegeben kochen, da sie sonst trocken und zäh werden.

aufwärmen −
deftig −
vegetarisch +
< 500 kcal +
preiswert −
schnell +
einfach −
ausgefallen +

Zutaten

400 g Kartoffeln · 100 g Zwiebeln
2 EL Butter · 2 Lorbeerblätter · 1 1/4 l Geflügelbrühe (Instant)
250 g Sauerkraut · 125 g Crème fraîche
1 TL Salz · etwas weißer Peffer aus der Mühle · 1/4 TL Paprikapulver, edelsüß · 1/2 TL Senf · 100 ml Sekt oder Champagner
200 g milder, magerer Schwarzwälder Speck · 1 EL Butterschmalz
1 Zweig Kerbel · 100 g saure Sahne

Für 4 Personen
Zubereitungszeit: etwa 50 Min.
etwa 510 kcal je Portion

Sauerkrautsuppe mit Speck

- ⊕ aufwärmen
- ⊕ deftig
- ⊖ vegetarisch
- ⊖ < 500 kcal
- ⊕ preiswert
- ⊕ schnell
- ⊕ einfach
- ⊖ ausgefallen

1 Die Kartoffeln waschen, schälen und in feine Scheiben schneiden. Die Zwiebel schälen und ebenfalls in feine Scheiben schneiden.

2 Die Butter in einem Topf erhitzen und darin Zwiebeln und Kartoffeln anbraten. Lorbeerblätter und Geflügelbrühe hinzufügen und 12 Minuten zugedeckt köcheln lassen.

3 Das Sauerkraut fein hacken, in die Suppe geben und 8 Minuten köcheln lassen. Die Crème fraîche in die Suppe einrühren und kurz erhitzen. Die Lorbeerblätter herausnehmen.

4 Die Suppe pürieren und mit Salz, Pfeffer, Paprikapulver und Senf abschmecken. Sekt oder Champagner zugeben und zugedeckt warm halten.

5 Den Speck in feine Streifen schneiden, im Butterschmalz leicht bräunen und in einem Sieb oder auf Küchenkrepp abtropfen lassen.

6 Den Kerbel waschen, trockentupfen und die Blättchen abzupfen. Die Suppe in 4 tiefe Teller geben, jeweils einen Klecks saure Sahne in die Mitte setzen und mit den Speckstreifen und dem Kerbel bestreuen. Dazu schmeckt kräftiges Grau- oder Sonnenblumenkernbrot.

Zutaten

600 g Schweineschulter ohne Schwarte

250 g Zwiebeln · 80 g junger Ingwer · 4 Lorbeerblätter · 8 Pimentkörner · 1/2 TL zerstoßene Pfefferkörner · 2 Nelken · 1/2 TL Salz

500 g Steckrüben · 200 g Kartoffeln

etwas schwarzer Pfeffer aus der Mühle · 12 Korianderblätter · 1 Spritzer Tabasco · 1/4 TL Honigessig oder milder Weißweinessig

Für 4 Personen
Zubereitungszeit: etwa 1 1/4 Std.
etwa 540 kcal je Portion

Steckrübeneintopf mit Schweineschulter

1 Die Schweineschulter kalt abspülen, trockentupfen und in 3 cm große Würfel schneiden. Das Fleisch mit 1 1/2 l Wasser aufkochen lassen. Nach 2 Minuten den Schaum abschöpfen.

2 Zwiebeln und Ingwer schälen, in feine Streifen schneiden und mit Lorbeerblättern, Piment, zerstoßenem Pfeffer und Nelken zum Fleisch geben. Alles aufkochen lassen, salzen und zugedeckt 35 Minuten bei mäßiger Hitze garen.

3 Inzwischen die Steckrübe schälen und in 2 cm große Würfel schneiden. Die Kartoffeln waschen, schälen und in 1 cm große Würfel schneiden.

4 Die Steckrüben- und Kartoffelwürfel in den Eintopf geben und weitere 15 Minuten zugedeckt köcheln lassen.

5 Den Eintopf mit schwarzem Pfeffer, Korianderblättchen, Tabasco und Honigessig abschmecken und servieren. Süßsaure Senfgurken, Perlzwiebeln und Fladenbrot ergänzen das Aroma des Eintopfs sehr gut.

Tipps

Bevorzugen Sie ein milderes Aroma, rühren Sie kurz vor dem Servieren 3 EL kalte Butterflocken oder etwas Sahne in die Suppe.
Sollten Sie keinen jungen Ingwer bekommen haben, reduzieren Sie die Menge auf 40 g, da der handelsübliche Ingwer geschmacksintensiver ist. Junger Ingwer hat eine dünnere Schale und feinfaserigeres Fleisch.

- aufwärmen +
- deftig +
- vegetarisch −
- < 500 kcal −
- preiswert −
- schnell −
- einfach +
- ausgefallen +

Wirsingeintopf mit Lamm

- aufwärmen
- deftig
- vegetarisch
- < 500 kcal
- preiswert
- schnell
- einfach
- ausgefallen

Zutaten

1 kg Lammrücken mit Knochen

2 Knoblauchzehen · 1/2 TL Salz · etwas schwarzer Pfeffer aus der Mühle

1 große Zwiebel · 2 Lorbeerblätter · 1 Zweig Thymian · 6 schwarze Pfefferkörner

1 großer Kopf Wirsing

12 dünne Scheiben magerer Speck (etwa 100 g)

2 EL Olivenöl

180 g kleine Kartoffeln · 125 g kleine Schalotten

Für 4 Personen
Zubereitungszeit: etwa 50 Min.
Garzeit: etwa 45 Min.
Marinierzeit: etwa 1 Std.
etwa 650 kcal je Portion

1 Den Lammrücken mit kaltem Wasser abspülen und trockentupfen. Die Filets mit einem scharfen Messer vom Knochen lösen, häuten und in 12 etwa 4 cm große Filets schneiden. Knochen, Fett und Sehnen beiseite legen.

2 Die Knoblauchzehen schälen und halbieren. Die Filets damit einreiben und salzen und pfeffern. Das Fleisch 1 Stunde zugedeckt kühl stellen.

3 Die Knochen, die Sehnen und das Fett vom Lamm mit einem großen, schweren Messer in Stücke hacken und mit 1 1/2 l Wasser in einem Topf zum Kochen bringen. Nach einiger Zeit den Schaum abschöpfen, die Hitze reduzieren und zugedeckt köcheln lassen.

4 Die Zwiebel schälen, achteln und mit Lorbeerblättern, Thymian und Pfefferkörnern in die Lammbrühe geben und 45 Minuten bei schwacher Hitze köcheln lassen. Alles durch ein feines Sieb geben und die Brühe auffangen.

5 Den Strunk aus dem Wirsingkopf schneiden. Die Blätter abtrennen, waschen und abtropfen lassen. Von 12 schönen Blättern die harten Stiele entfernen. Etwas Salzwasser in einem Topf aufkochen und die Blätter darin 2 Minuten kochen lassen, herausnehmen, mit kaltem Wasser abschrecken, in einem Sieb abtropfen lassen und mit Küchenkrepp trockentupfen.

6 Die Lammfilets in die Wirsingblätter einwickeln, die Speckscheiben um die Wirsingwickel hüllen und diese mit Küchengarn festbinden.

7 Das Öl erhitzen und die Wickel darin in etwa 2 Minuten goldbraun braten, dann beiseite legen. Das Garn entfernen.

8 Von den restlichen Wirsingblättern die harten Stiele entfernen und die Blätter in 1 cm breite Streifen schneiden. Kartoffeln und Schalotten schälen, klein würfeln, in die gesiebte Brühe geben und 8 Minuten zugedeckt köcheln lassen. Die Wirsingstreifen dazugeben und weitere 5 Minuten bei schwacher Hitze kochen lassen.

9 Die Lammwickel in die Suppe geben, 10 Minuten zugedeckt garen lassen, herausnehmen und zum Eintopf servieren.

Gurken-Senf-Suppe mit Mettbällchen

- ⊖ aufwärmen
- ⊕ deftig
- ⊖ vegetarisch
- ⊖ < 500 kcal
- ⊕ preiswert
- ⊕ schnell
- ⊕ einfach
- ⊕ ausgefallen

1 Das Toastbrot entrinden, fein würfeln und mit dem Ei verkneten. 4 Dillzweige fein schneiden und mit der Ei-Brot-Masse und dem Mett zu einem glatten Teig verkneten. Die Masse mit Pfeffer würzen und zugedeckt kalt stellen.

2 Die Gurken schälen, längs halbieren und in feine Streifen schneiden. Aus der Mettmasse mit feuchten Händen kleine Bällchen formen.

3 Die Butter in einem Topf zerlassen, Gurken und Zwiebeln darin kurz anbraten. Das Gemüse mit dem Mehl bestäuben und unter Rühren Wein, Brühe und Sahne dazugeben. Unter Rühren aufkochen lassen, mit Salz, einer Prise Zucker und Pfeffer würzen. Die Suppe offen 6–8 Minuten bei mittlerer Hitze kochen.

4 Inzwischen in einer Pfanne das Öl erhitzen und darin die Mettbällchen unter mehrmaligem Wenden 6–8 Minuten braten und auf Küchenkrepp abtropfen lassen.

5 Den restlichen Dill fein schneiden und mit dem Senf unter die Suppe rühren. Die Suppe mit den Mettbällchen servieren.

Zutaten

2 Scheiben Toastbrot · 1 frisches Ei · 6 Zweige Dill · 300 g Mett · etwas schwarzer Pfeffer aus der Mühle

800 g Salatgurken

40 g Butter · 150 g Zwiebeln · 30 g Mehl · 200 ml trockener Weißwein · 400 ml Gemüsebrühe (Instant) · 250 g Sahne · etwas Salz · etwas Zucker

4 EL Öl

1–2 EL Senf, mittelscharf

Für 4 Personen
Zubereitungszeit: etwa 20 Min.
Garzeit: etwa 20 Min.
etwa 430 kcal je Portion

Ochsenschwanzeintopf mit Gemüse

- aufwärmen
- deftig
- vegetarisch
- < 500 kcal
- preiswert
- schnell
- einfach
- ausgefallen

1 Zwiebeln und Knoblauch schälen und klein schneiden. 1 Möhre und den Sellerie waschen, schälen und würfeln.

2 Die Ochsenschwanzstücke kalt waschen, und trockentupfen. Das Öl in einem großen Topf erhitzen und das Fleisch darin von allen Seiten gut anbraten. Das Gemüse zu den Ochsenschwanzstücken geben, kurz anbraten und mit Rotwein und 1 1/4 l Wasser dazugeben.

3 Rosmarin und Thymian waschen, trockentupfen und mit den Lorbeerblättern, Piment- und Pfefferkörnern sowie den Wacholderbeeren in den Sud geben. Diesen 2 Stunden bei schwacher Hitze zugedeckt köcheln lassen.

4 Die Ochsenschwanzstücke herausnehmen, den Sud durch ein Sieb geben und die Brühe auffangen. Das Fleisch von den Knochen lösen und wieder in die Brühe hineinlegen.

5 Kartoffeln, Kohlrabi und die restlichen Möhren schälen. Kartoffeln und Möhren in Scheiben schneiden. Den Kohlrabi vierteln. Die Frühlingszwiebeln putzen, waschen und in 1 cm große Stücke schneiden. Die Champignons mit Küchenkrepp säubern, putzen und vierteln.

6 Die Kartoffeln in den Sud geben, etwas salzen und 6 Minuten köcheln lassen. Das restliche Gemüse hinzufügen und weitere 6 Minuten garen.

7 Den Eintopf mit Salz, Pfeffer, Madeira und Muskat würzen. Die Lorbeerblätter und die Gewürzkörner entfernen. Ein kräftiges Grau- oder Käsebrot passt am besten zu diesem deftigen Gericht.

Zutaten

150 g Zwiebeln · 2 Knoblauchzehen · 3 Möhren · 100 g Knollensellerie

1,2 kg Ochsenschwanzstücke · 2 EL Erdnuss- oder Pflanzenöl · 1/2 l trockener Rotwein

je 1 Zweig Rosmarin und Thymian · 2 Lorbeerblätter · 4 Pimentkörner · 12 schwarze Pfefferkörner · 8 Wacholderbeeren

350 g Kartoffeln · 1 Kohlrabi (etwa 150 g) · 2 Frühlingszwiebeln · 250 g Champignons

1 TL Salz · etwas weißer Pfeffer aus der Mühle · 1 EL Madeira · 1 Prise geriebene Muskatnuss

Für 4 Personen
Zubereitungszeit: etwa 45 Min.
Garzeit: etwa 2 Std.
etwa 640 kcal je Portion

Variation
Die Champignons können Sie durch Pfifferlinge ersetzen.

Zutaten

500 g Möhren · 100 g Zwiebeln · 3 EL Butter · 1/2 TL Zucker · 1 Prise Salz · 3/4 l Geflügelbrühe (Instant)

250 g Sahne · etwas weißer Pfeffer aus der Mühle · 1 Prise Cayennepfeffer

250 g Putenbrust · 1 TL Mehl

1 EL Butterschmalz

1 Bund Kerbel

Für 4 Personen
Zubereitungszeit: etwa 50 Min.
etwa 400 kcal je Portion

Möhrencremesuppe mit Putenbrust

- + aufwärmen
- − deftig
- − vegetarisch
- + < 500 kcal
- + preiswert
- + schnell
- + einfach
- − ausgefallen

1 Die Möhren waschen, schälen und in feine Scheiben schneiden. Die Zwiebel schälen und ebenfalls in feine Scheiben schneiden. Die Butter erhitzen und Zwiebeln und Knoblauch darin anbraten, dann etwas zuckern und salzen. Die Geflügelbrühe dazugießen und 15 Minuten zugedeckt köcheln lassen.

2 Die Suppe fein pürieren. Die Sahne halb steif schlagen, hinzufügen und alles mit Salz, Pfeffer und Cayennepfeffer abschmecken und zugedeckt warm halten.

3 Die Putenbrust abspülen, trockentupfen, in 2 cm große Würfel schneiden, salzen, pfeffern und mit Mehl bestäuben.

4 Das Butterschmalz erhitzen. Darin das Putenfleisch etwa 4 Minuten von allen Seiten anbraten, in ein Sieb geben und das Fett abtropfen lassen.

5 Den Kerbel waschen, trockentupfen und die Blättchen abzupfen. Das Fleisch in 4 Suppenteller legen, die heiße Möhrencreme darüber geben und mit den Kerbelblättern garnieren. Buttercroûtons und Walnussbrot komplettieren die Mahlzeit.

Variationen
Zur Abwechslung können Sie Hähnchenbrust und frisch gehackte Petersilie verwenden.

Tipp
Achten Sie beim Einkauf darauf, dass Sie frische, junge Möhren erhalten, da diese besonders aromatisch und süß sind.

Grüner Bohneneintopf mit Huhn

1 Das Huhn kalt abspülen, mit Küchenkrepp trockentupfen und in grobe Stücke zerteilen. 1 1/2 l Wasser aufkochen, das Fleisch hineingeben, nach etwa 2 Minuten den Schaum abschöpfen und 40 Minuten zugedeckt köcheln lassen. Die Hühnchenteile herausnehmen, etwas abkühlen lassen, das Fleisch von den Knochen lösen und in große Würfel schneiden. Die Hühnerbrühe durch ein Sieb gießen und in einem Topf auffangen.

2 Die Kartoffeln waschen, schälen, klein würfeln und in die Brühe geben. Diese etwas salzen und alles 10 Minuten zugedeckt köcheln lassen.

3 Die Bohnen aus den Schalen drücken, in kaltem Wasser 10 Minuten einweichen und in einem Sieb abtropfen lassen.

4 Den Maiskolben waschen. Die Körner mit einem Messer vom Kolben abstreifen. Die Frühlingszwiebeln putzen, waschen und in 1 cm große Stücke schneiden. Die Paprikaschote waschen und vierteln. Die weißen Rippen, den Stielansatz und die Kerne entfernen. Das Fruchtfleisch in 1 cm große Stücke schneiden.

5 Gemüse und Bohnen in die Brühe geben und 8 Minuten zugedeckt köcheln lassen. Das Hühnerfleisch hinzufügen, kurz aufkochen lassen und mit Salz, Pfeffer, Piment- und Cayennepfeffer abschmecken und zugedeckt warm halten.

6 Petersilie, Bohnenkraut und Estragon waschen und trockentupfen. Die Blättchen abzupfen und fein hacken. Die Suppe in tiefen Tellern mit den Kräutern anrichten. Dazu schmeckt Baguette oder geröstete Weißbrotscheiben, die mit Olivenpaste oder Pesto bestrichen sind.

Zutaten

1 kleines Suppenhuhn
150 g Kartoffeln · 1 TL Salz
600 g frische, dicke Bohnen
1 Maiskolben · 2 Frühlingszwiebeln · 1 grüne Paprikaschote
etwas weißer Pfeffer aus der Mühle · je 1 Prise Piment- und Cayennepfeffer
1 Bund Petersilie · je 1 Zweig Bohnenkraut und Estragon

Für 4 Personen
Zubereitungszeit: etwa 1 1/4 Std.
Garzeit: etwa 40 Min.
etwa 850 kcal je Portion

aufwärmen +
deftig +
vegetarisch −
< 500 kcal −
preiswert −
schnell −
einfach −
ausgefallen −

Erbsencremesuppe

- ⊕ aufwärmen
- ⊖ deftig
- ⊕ vegetarisch
- ⊖ < 500 kcal
- ⊕ preiswert
- ⊕ schnell
- ⊕ einfach
- ⊖ ausgefallen

Zutaten

500 g gefrorene oder frische, gepalte Erbsen · 3 EL Butter · etwas Zucker · 1/4 l Milch · 250 g Sahne · 1/4 l Gemüsebrühe (Instant)

250 g Sahne · 1 EL Butter · 1/2 TL Salz · etwas Cayennepfeffer

1 Möhre · 1 EL Butter · 1 TL Zucker

1 Zweig Kerbel

Für 4 Personen
Zubereitungszeit: etwa 35 Min.
etwa 620 kcal je Portion

1 Die Erbsen kurz mit heißem Wasser überbrühen, abtropfen lassen und in der Butter mit etwas Zucker 3 Minuten dünsten. Die Milch, die Sahne und die Gemüsebrühe dazugeben. 5 Minuten zugedeckt köcheln lassen, pürieren und durch ein feines Sieb streichen.

2 Kurz aufkochen lassen. Die restliche Sahne steif schlagen und mit 1 EL Butter einrühren. Mit Salz und Cayennepfeffer abschmecken und zugedeckt warm halten.

3 Die Möhre schälen, waschen, fein würfeln und in 1 EL Butter mit 1 TL Zucker etwa 2 Minuten garen.

4 Den Kerbel waschen, trockentupfen und die Blättchen abzupfen. Die Möhrenwürfel auf 4 Teller verteilen, die Suppe darüber gießen und mit dem Kerbel garnieren.

Tomatenschaumsuppe mit Basilikum

- ⊕ aufwärmen
- ⊖ deftig
- ⊕ vegetarisch
- ⊖ < 500 kcal
- ⊕ preiswert
- ⊕ schnell
- ⊕ einfach
- ⊖ ausgefallen

1 Die Tomaten waschen, Stielansätze entfernen, in Stücke schneiden und pürieren. Das Püree durch ein Sieb streichen und den Saft auffangen. Den Backofen auf 200 °C (Umluft 170 °C; Gas Stufe 3) vorheizen.

2 300 g Sahne aufkochen, mit dem Tomatensaft verrühren und mit Salz, Pfeffer, Zucker und Tabasco würzen. 1 Minute kochen lassen.

3 Die Crème fraîche mit der restlichen Sahne schaumig rühren. Die Mischung zusammen mit der Butter in die Suppe geben und mit einem Schneebesen schnell verquirlen. Die Basilikumblättchen fein schneiden und in die Suppe geben.

4 Mozzarella und Baguette in dünne Scheiben schneiden. Das Brot etwa 2 Minuten im Backofen mit dem Mozzarella überbacken und zur Suppe reichen.

Zutaten

1 kg sehr reife Fleischtomaten

500 g Sahne · etwas Salz und weißer Pfeffer aus der Mühle · 1 Prise Zucker · 1 Spritzer Tabasco

80 g Crème fraîche · 2 EL kalte Butter · 8 Basilikumblättchen

100 g Mozzarella · 1/2 dünnes Baguette (etwa 125 g)

Für 4 Personen
Zubereitungszeit: etwa 35 Min.
etwa 670 kcal je Portion

Kürbissuppe mit Tofu

- aufwärmen
- deftig
- vegetarisch
- < 500 kcal
- preiswert
- schnell
- einfach
- ausgefallen

Zutaten

700 g Kürbis

50 g Schalotten · 2 EL Butter · 1 TL brauner Zucker · 1/2 l Milch

4 frische Eigelbe · je 1 Prise Nelkenpulver, geriebene Muskatnuss, Cayennepfeffer und Salz

etwas Schnittlauch · 100 g Tofu · 1 TL Nussöl

Für 4 Personen
Zubereitungszeit: etwa 40 Min.
etwa 280 kcal je Portion

1 Den Kürbis entkernen, das Fruchtfleisch mit einem Löffel aus der Schale herauskratzen und mit 150 ml Wasser pürieren.

2 Die Schalotten schälen und fein würfeln. Die Butter erhitzen und darin die Schalotten anbraten. Den Zucker einrühren. Das Kürbispüree hinzugeben, 1/4 l Milch dazugeben und 8 Minuten köcheln lassen.

3 Die restliche Milch mit den frischen Eigelben verquirlen und in die heiße, nicht mehr kochende Suppe geben. Den Topf vom Herd nehmen und weiter rühren, bis die Suppe sämig wird. Die Kürbissuppe mit Nelkenpulver, Muskat, Cayennepfeffer und Salz abschmecken und zugedeckt warm halten.

4 Den Schnittlauch waschen, trockentupfen und in feine Röllchen schneiden. Den Tofu in kleine Würfel schneiden, das Nussöl erhitzen und darin die Tofuwürfel 2 Minuten braten. Die Tofuwürfel in 4 tiefe Teller geben, die Suppe darüber gießen, mit den Schnittlauchröllchen dekorieren und mit Früchte- oder Sesambrot servieren.

Tipps

Besonders dekorativ wirkt die Suppe, wenn Sie sie in dem ausgehöhlten Kürbis servieren.
Wenn Sie keinen frischen Kürbis erhalten, können Sie auf eingelegten Kürbis (etwa 500 g Abtropfgewicht) zurückgreifen und einen Teil der Flüssigkeit zum Pürieren verwenden.

Variationen

Ersetzen Sie den Tofu doch einmal durch einen milden Schafskäse, den Sie erst in Paniermehl wenden und dann braten.
Haben Sie keine Schalotten zur Hand, nehmen Sie 1 kleine Zwiebel.

Zutaten

1 kg Kartoffeln · 100 g Schalotten

80 g magerer Bauchspeck · 2 EL Butter · 1 EL Haselnuss- oder Pflanzenöl · 1/4 l Milch · 3/4 l Geflügelbrühe (Instant) · 250 g Sahne

300 g Rucola

2 frische Eigelbe · 1/2 TL Salz · etwas weißer Pfeffer aus der Mühle · 1 Prise Cayennepfeffer

1 Knoblauchzehe · 400 g Ciabatta

Für 4 Personen
Zubereitungszeit: etwa 1 Std.
etwa 920 kcal je Portion

Kartoffel-Rucola-Suppe

- ⊕ aufwärmen
- ⊕ deftig
- ⊖ vegetarisch
- ⊖ < 500 kcal
- ⊖ preiswert
- ⊖ schnell
- ⊖ einfach
- ⊕ ausgefallen

1 Die Kartoffeln waschen, schälen und in kleine Würfel schneiden. Die Schalotten ebenfalls schälen und fein hacken.

2 Den Speck würfeln und mit den Schalotten im Butter-Öl-Gemisch leicht bräunen. Die Kartoffeln dazugeben. Milch, Geflügelbrühe und 125 g Sahne dazugießen. Alles 12 Minuten zugedeckt köcheln lassen.

3 Den Rucola putzen und die Stiele entfernen. Die Blätter in feine Streifen schneiden, in die Suppe geben und diese 4 Minuten zugedeckt köcheln lassen.

4 Die Eigelbe mit der restlichen Sahne verquirlen und in die nicht mehr kochende Suppe einrühren. Mit Salz, Pfeffer und Cayennepfeffer abschmecken und zugedeckt warm halten.

5 Die Knoblauchzehe schälen und mit dem Messerrücken zerdrücken. Die Brotrinde entfernen und das Brot in kleine Würfel schneiden. Die restliche Butter erhitzen, die Knoblauchzehe hineingeben und die Brotwürfel darin goldgelb braten. Die Suppe in 4 Teller geben und mit den Knoblauch-Croûtons bestreuen.

Variation
Sie können den Rucola gegebenenfalls durch Feldsalat ersetzen.

Zutaten

500 g Petersilienwurzeln ·
300 g Kartoffeln · 80 g Schalotten
4 EL Butter · 3/4 l Milch ·
250 g Sahne
1 TL Salz · etwas weißer Pfeffer aus der Mühle
500 g frische Pfifferlinge ·
1 Bund glattblättrige Petersilie

Für 4 Personen
Zubereitungszeit: etwa 45 Min.
etwa 530 kcal je Portion

Petersilienwurzelcreme mit frischen Pfifferlingen

1 Die Petersilienwurzeln und die Kartoffeln waschen, schälen und in Scheiben schneiden. Die Schalotten schälen und fein würfeln.

2 Dann 2 EL Butter erhitzen und die Gemüsescheiben darin anbraten. Milch und Sahne dazugießen und 15 Minuten zugedeckt köcheln lassen.

3 Die Suppe fein pürieren, mit etwas Salz und Pfeffer abschmecken und zugedeckt warm halten.

4 Die Pfifferlinge putzen, kurz unter fließendem Wasser waschen, abtropfen lassen und, wenn sie sehr groß sind, halbieren oder vierteln. Die restliche Butter erhitzen und die Pfifferlinge darin 3 Minuten dünsten. Danach pfeffern, salzen und in die Suppe geben. Diese zugedeckt warm halten.

5 Die Petersilie waschen, trockentupfen und fein schneiden. Die Suppe in 4 tiefe Teller geben, mit Petersilie bestreuen und mit Sesam- oder Mohnbrot servieren.

aufwärmen ⊖
deftig ⊖
vegetarisch ⊕
< 500 kcal ⊖
preiswert ⊖
schnell ⊕
einfach ⊕
ausgefallen ⊕

Variationen
Die Pfifferlinge können Sie durch andere Pilze ersetzen. Besonders gut eignen sich Hallimasche, Stockschwämmchen, Butterpilze oder Chanterelles (graue Pfifferlinge). Statt der Petersilienwurzeln können Sie Knollensellerie oder Pastinaken nehmen.

Sauerampfersuppe mit geräuchertem Lachs

- ⊖ aufwärmen
- ⊖ deftig
- ⊖ vegetarisch
- ⊖ < 500 kcal
- ⊖ preiswert
- ⊖ schnell
- ⊕ einfach
- ⊕ ausgefallen

Zutaten

500 g Kartoffeln ·
100 g Schalotten · 2 EL Butter ·
3/4 l Geflügelbrühe (Instant) ·
125 g Sahne · 1/8 l Milch

4 frische Eier · 500 g Sauerampfer

1 TL Salz · etwas weißer Pfeffer aus der Mühle · 200 g geräucherter Lachs in Scheiben

Für 4 Personen
Zubereitungszeit: etwa 55 Min.
etwa 480 kcal je Portion

1 Die Kartoffeln waschen und schälen. Die Schalotten ebenfalls schälen und beides in feine Scheiben schneiden. Die Butter in einem Topf erhitzen und die Schalotten darin anbraten. Kartoffelscheiben, Geflügelbrühe, Sahne und Milch dazugeben und alles 12 Minuten zugedeckt köcheln lassen.

2 Die Eier in etwa 10 Minuten hart kochen, abschrecken und schälen. Den Sauerampfer waschen, trockentupfen, die Stiele entfernen und die Blätter in feine Streifen schneiden.

3 Die Sauerampferstreifen zur Suppe geben, 1 Minute kochen und sofort pürieren. Durch ein Sieb gießen und mit Salz und Pfeffer abschmecken.

4 Die hart gekochten Eier halbieren. Die Suppe in tiefe Teller geben. Die Eihälften darauf anrichten. Mit den Lachsscheiben Röschen formen und diese vorsichtig auf die Eihälften setzen. Baguette oder gebuttertes Toastbrot ist die perfekte Beilage.

Tipp
Vermeiden Sie es, den Sauerampfer länger als angegeben zu kochen, da er sonst seine schöne grüne Farbe und sein Aroma verliert.

Variationen
Wenn Sie einen milderen Geschmack bevorzugen, nehmen Sie nur 300 g Sauerampfer und fügen 200 g Blattspinat hinzu. Sie können den Sauerampfer auch komplett durch Blattspinat ersetzen.
Es muss nicht immer Lachs sein: Geräucherter Heilbutt schmeckt sehr gut zur Sauerampfersuppe.

Fenchelcreme mit Safran

- ⊕ aufwärmen
- ⊖ deftig
- ⊕ vegetarisch
- ⊖ < 500 kcal
- ⊖ preiswert
- ⊕ schnell
- ⊕ einfach
- ⊕ ausgefallen

Zutaten

500 g Fenchel · 150 g Kartoffeln · 100 g Schalotten

3 EL Butter · $^{1}/_{2}$ l trockener Weißwein · $^{1}/_{4}$ l Gemüsebrühe (Instant) oder Wasser · 250 g Sahne · 125 g Crème fraîche · 0,2 g Safranpulver

etwas Salz und weißer Pfeffer aus der Mühle · 1 Spritzer Pernod oder Pastis (Anisschnaps)

2 EL geschlagene Sahne

Für 4 Personen
Zubereitungszeit: etwa 45 Min.
etwa 560 kcal je Portion

1 Den Fenchel waschen, putzen, das Grün abzupfen und als Garnitur beiseite legen. Die Knollen in feine Würfel schneiden. Die Kartoffeln und die Schalotten waschen, schälen und fein würfeln.

2 Die Butter erhitzen und darin Schalotten- und Fenchelwürfel anbraten. Kartoffeln dazugeben. Wein, Gemüsebrühe und Sahne dazugießen. Crème fraîche und Safran hinzufügen. Alles zugedeckt 12 Minuten leicht köcheln lassen.

3 Die Suppe pürieren und mit Salz, Pfeffer und Pernod oder Pastis abschmecken. Vor dem Servieren die geschlagene Sahne unter die Suppe rühren, diese in 4 tiefe Teller geben und mit dem Fenchelgrün garnieren.

Grüne Spargelcremesuppe

- ⊕ aufwärmen
- ⊖ deftig
- ⊕ vegetarisch
- ⊕ < 500 kcal
- ⊖ preiswert
- ⊖ schnell
- ⊖ einfach
- ⊖ ausgefallen

1 Den Spargel waschen, schälen und die harten Endstücke entfernen. Die zarten Spargelspitzen in einer Länge von etwa 4 cm abtrennen und beiseite legen. Die Spargelstangen in feine Scheiben schneiden.

2 Dann 2 EL Butter erhitzen, die Scheiben darin glasig dünsten, etwas salzen und zuckern. Das Gemüse mit dem Mehl bestäuben und leicht anschwitzen lassen. Milch, Sahne und Wasser dazugießen und 8 Minuten köcheln lassen.

3 Die Suppe pürieren, durch ein Sieb gießen und aufkochen lassen. 2 EL Butter mit einem Schneebesen einrühren. Die Suppe mit Salz, Zucker und Cayennepfeffer abschmecken und zugedeckt warm halten.

4 Die restliche Butter erhitzen und darin die Spargelspitzen 3 Minuten glasig dünsten, dann salzen und zuckern. Auf die Teller verteilen und die heiße Suppe darübergießen.

Zutaten

1 $^{1}/_{2}$ kg grüner Spargel

6 EL Butter · etwas Salz · etwas Zucker · 2 EL Mehl · $^{1}/_{2}$ l Milch · 250 g Sahne

etwas Cayennepfeffer

Für 4 Personen
Zubereitungszeit: etwa 1 Std.
etwa 470 kcal je Portion

Schwarzwurzelcreme

- ⊕ aufwärmen
- ⊕ deftig
- ⊖ vegetarisch
- ⊖ < 500 kcal
- ⊖ preiswert
- ⊖ schnell
- ⊖ einfach
- ⊖ ausgefallen

Zutaten

500 g Schwarzwurzeln ·
1/2 l Milch

3/4 l Geflügelbrühe (Instant)

100 ml trockener Weißwein ·
300 g Crème fraîche · 3 EL Butter ·
1 TL Salz · 1 Prise geriebene Muskatnuss · etwas weißer Pfeffer aus der Mühle

200 g Kasseler Rippenspeer ·
1 EL Butterschmalz

1 Zweig glattblättrige Petersilie

Für 4 Personen
Zubereitungszeit: etwa 50 Min.
Garzeit: etwa 40 Min.
etwa 700 kcal je Portion

1 Die Schwarzwurzeln unter fließendem Wasser bürsten, schälen, in 1 cm große Stücke schneiden, 10 Minuten in Milch einlegen, dann herausnehmen.

2 Das Gemüse in der Brühe aufkochen und 30 Minuten zugedeckt bei milder Hitze köcheln lassen. Einige Stücke herausnehmen und beiseite legen. Den Rest mit der Brühe pürieren.

3 Das Püree kurz aufkochen, den Wein und die Crème fraîche dazugeben und zugedeckt 10 Minuten leicht köcheln lassen. Die Butter würfeln und mit dem Schneebesen unter die Suppe rühren. Diese mit den Gewürzen abschmecken und zugedeckt warm halten.

4 Das Kasseler in dünne Scheiben schneiden, im Butterschmalz leicht anbraten und in einem Sieb abtropfen lassen.

5 Die Petersilie waschen, trockentupfen und die Blättchen abzupfen. Die beiseite gelegten Schwarzwurzelstücke mit dem Kasseler in 4 tiefen Tellern anrichten. Die heiße Schwarzwurzelsuppe darüber gießen und mit der Petersilie garnieren.

Variation
Das Kasseler können Sie durch geräucherte Putenbrust ersetzen.

Tipps
Sie sollten, wenn Sie die Wurzeln schälen, Gummihandschuhe tragen, damit Sie keine braunen Flecken an den Händen bekommen. Flecken lassen sich mit Zitronensaft entfernen. Wenn Sie die Schwarzwurzelstücke in Milch einlegen, behalten Sie beim Kochen ihre weiße Farbe. Die Milch können Sie nicht mehr verwenden.

Zutaten

500 g Lachs (Schwanzstück)

1 große Möhre · 1 große Zwiebel · 2 Lorbeerblätter · eine Prise Salz

1/4 l trockener Weißwein · 150 g Crème fraîche

4 EL kalte Butter · etwas weißer Pfeffer aus der Mühle und Cayennepfeffer

2 Zweige Kerbel

Für 4 Personen
Zubereitungszeit: etwa 55 Min.
etwa 550 kcal je Portion

Lachscremesuppe

1 Den Lachs kalt abspülen und mit Küchenkrepp trockentupfen, die Filets herausschneiden und häuten.

2 Die Gräten und die Haut mit 1 l Wasser zum Kochen bringen. Nach 2 Minuten den Schaum abschöpfen.

3 Die Möhre und die Zwiebel schälen, klein schneiden und zur Lachsbrühe geben. Mit Lorbeerblättern und Salz würzen und alles 10 Minuten kochen lassen. In der Zwischenzeit den Backofen auf 140 °C vorheizen und 4 tiefe Teller hineinstellen.

4 Die Lachsbrühe durch ein Sieb passieren und wieder zum Kochen bringen. Wein und Crème fraîche in die Suppe rühren und alles leicht köcheln lassen.

5 Die Lachsfilets in 2–3 cm lange Würfel schneiden. Diese in ein Metallsieb geben und für etwa 30 Sekunden in die leicht kochende Suppe halten. Wenn sich die Fischwürfel leicht zerteilen lassen, sind sie gar und können in die vorgewärmten Teller gegeben werden.

6 Die Butter in kleine Würfel schneiden und mit einem Schneebesen in die Suppe einrühren. Diese mit Pfeffer und Cayennepfeffer abschmecken.

7 Die Kerbelzweige waschen, trockentupfen und die Blättchen abzupfen. Die Lachscremesuppe über die Lachswürfel geben und mit dem Kerbel garnieren.

aufwärmen ⊕
deftig ⊖
vegetarisch ⊖
< 500 kcal ⊖
preiswert ⊖
schnell ⊖
einfach ⊖
ausgefallen ⊖

Tipp
Die kurze Garzeit der Lachswürfel sollten Sie unbedingt einhalten, damit diese saftig bleiben und nicht zerfallen.

Spinatsuppe mit gerösteten Nüssen

- aufwärmen
- deftig
- vegetarisch
- < 500 kcal
- preiswert
- schnell
- einfach
- ausgefallen

Zutaten

200 g Petersilienwurzeln · 200 g Kartoffeln · 1/2 l Gemüsebrühe (Instant) · 250 g Sahne · 1/4 l Milch

500 g Blattspinat

etwas Salz und weißer Pfeffer aus der Mühle · 1 Prise geriebene Muskatnuss · 2 EL geschlagene Sahne · 80 g Butter

1 TL Walnussöl · 3 EL geschälte Sonnenblumenkerne · je 2 EL geschälte Kürbiskerne, gehackte Walnüsse und Pistazienkerne

Für 4 Personen
Zubereitungszeit: etwa 45 Min.
etwa 640 kcal je Portion

1 Petersilienwurzeln und Kartoffeln waschen, schälen und in feine Scheiben schneiden. Gemüse, Brühe, Sahne und Milch zusammen 10 Minuten zugedeckt köcheln lassen.

2 Den Blattspinat putzen, die Stiele entfernen und die Blätter gut waschen. Den Spinat in kochendem Wasser 1 1/2 Minuten blanchieren, dann mit kaltem Wasser abschrecken. Die Blätter gut ausdrücken und in Streifen schneiden.

3 Die Spinatstreifen zur Gemüsebrühe geben und pürieren. Die Suppe aufkochen und mit Salz, Pfeffer und Muskat abschmecken. Die geschlagene Sahne und die Butter mit einem Schneebesen einrühren. Die Suppe zugedeckt warm halten.

4 Das Öl in einer Pfanne schwach erhitzen und darin die Kerne und Nüsse anbraten und auf Küchenkrepp oder in einem Sieb abtropfen lassen. Die Spinatsuppe in 4 tiefe Teller verteilen und die Nussmischung darauf verteilen. Fladenbrot, Nussbrot oder Baguette runden die Mahlzeit ab.

Variationen

Anstelle von Spinat können Sie Kopfsalat verwenden. Sie sollten die Suppe dann etwas stärker würzen, da Kopfsalat weniger Eigengeschmack hat.
Falls Sie keine Petersilienwurzeln bekommen, ersetzen Sie diese durch Knollensellerie oder Pastinaken.

Tipps

Vermeiden Sie es, den Spinat zu lange zu kochen, weil er sonst sein Aroma und seine Vitamine verliert.
Wenn Ihnen die Suppe zu dünnflüssig ist, verkneten Sie 1 EL Butter mit 1 EL Mehl, geben die Masse in die kochende Suppe und lassen diese noch einige Minuten unter ständigem Rühren kochen.

Zutaten

200 g Kartoffeln · 400 g Knollensellerie · 100 g Schalotten
5 EL Butter · 1 l Gemüsebrühe (Instant)· 250 g Sahne · 100 g Crème fraîche
je etwas Salz, weißer Pfeffer aus der Mühle und geriebene Muskatnuss · 100 ml Sekt
1 Zweig Kerbel · 120 g Austernpilze

Für 4 Personen
Zubereitungszeit: etwa 50 Min.
etwa 450 kcal je Portion

Selleriesuppe mit Austernpilzen

- aufwärmen
- deftig
- vegetarisch
- < 500 kcal
- preiswert
- schnell
- einfach
- ausgefallen

1 Die Kartoffeln waschen. Den Sellerie, die Schalotten und die Kartoffeln schälen und klein würfeln.

2 Dann 3 EL Butter erhitzen und darin die Schalotten anbraten. Die Sellerie- und die Kartoffelwürfel dazugeben und 2 Minuten mitbraten. Die Gemüsebrühe dazugießen und 15 Minuten zugedeckt köcheln lassen. Sahne und Crème fraîche darunter rühren.

3 Die Suppe fein pürieren, kurz aufkochen lassen und mit Salz, Pfeffer und Muskatnuss abschmecken. Den Sekt darunter rühren und die Suppe zugedeckt warm halten.

4 Den Kerbel waschen, trockentupfen und fein hacken. Die Austernpilze kurz waschen, trockentupfen und in mundgerechte Stücke schneiden. Die Pilze in der restlichen Butter anbraten, salzen und pfeffern.

5 Die Pilze auf 4 Teller verteilen und die heiße Selleriesuppe darüber gießen. Den Kerbel auf die Suppe streuen. Baguette oder gebuttertes Sonnenblumenkernbrot ergänzen das Gericht.

Variationen

Statt der Austernpilze können Sie Champignons oder Waldpilze verwenden.
Mit kleinen Croûtons wird die Suppe noch reichhaltiger.

Brunnenkressesuppe mit Pinienkernen

Zutaten

300 g Brunnenkresse ·
3/4 l Gemüsebrühe (Instant)

1 EL Walnussöl · 80 g Pinienkerne

100 g Schalotten · 4 EL Butter ·
1 EL Mehl · 250 g Sahne

2 EL Butter · 2 EL geschlagene Sahne · 1 Prise Salz · etwas weißer Pfeffer aus der Mühle · 1 Spritzer Himbeer- oder Balsamessig

Für 4 Personen
Zubereitungszeit: etwa 50 Min.
etwa 450 kcal je Portion

aufwärmen +
deftig −
vegetarisch +
< 500 kcal +
preiswert +
schnell +
einfach −
ausgefallen −

1 Die Brunnenkresse waschen und gut abtropfen lassen. Die Blättchen von den Stielen zupfen und einige zum Garnieren beiseite legen. Die restlichen Blättchen fein hacken. Die Stiele sehr fein schneiden und mit den gehackten Blättchen in der Gemüsebrühe 8 Minuten kochen lassen. Die Kressestücke in ein Sieb schütten und die Brühe auffangen.

2 Das Walnussöl in einer Pfanne erhitzen und darin die Pinienkerne kurz anrösten und auf Küchenkrepp gut abtropfen lassen.

3 Die Schalotten schälen und in feine Würfel schneiden. 2 EL Butter in einem Topf erhitzen und darin die Schalotten glasig dünsten. Das Mehl hinzufügen und 1 Minute anschwitzen. Alles unter Rühren mit der Kressebrühe und der Sahne ablöschen und 5 Minuten bei schwacher Hitze köcheln lassen.

4 Die gekochte Kresse in die Suppe geben, aufkochen lassen und pürieren. Die restliche Butter mit dem Schneebesen unter die Suppe rühren. Die geschlagene Sahne darunter heben und mit Salz, Pfeffer und Essig abschmecken. Die Suppe in tiefen Tellern anrichten und mit den Kresseblättchen und den Pinienkernen garnieren.

Tipp
Kochen Sie die Brunnenkresse nicht zu lange, sonst verliert sie an Farbe und Aroma.

Variation
Wenn Sie cremige Suppen lieben, ersetzen Sie die Sahne durch Crème fraîche und nehmen Sie mehr Butter.

Rote-Bete-Suppe mit Matjeshering

- aufwärmen
- deftig
- vegetarisch
- < 500 kcal
- preiswert
- schnell
- einfach
- ausgefallen

Zutaten

250 g Rote Bete · 300 g Kartoffeln

1 1/4 l Rinderbrühe (Instant) · 1 Lorbeerblatt · 1/2 TL Salz

2 Frühlingszwiebeln · etwas schwarzer Pfeffer aus der Mühle · 1 EL Rotwein- oder Himbeeressig

100 g saure Sahne · 4 EL geschlagene Sahne · 4 milde Matjesfilets · 1 Bund Dill

Für 4 Personen
Zubereitungszeit: etwa 1 Std.
etwa 400 kcal je Portion

1 Die Roten Beten und die Kartoffeln waschen, schälen, vierteln und in dünne Scheiben schneiden.

2 Die Rote-Bete-Scheiben in der Brühe mit dem Lorbeerblatt 10 Minuten kochen, dann die Kartoffelscheiben hinzufügen. Den Sud etwas salzen und 8 Minuten zugedeckt köcheln lassen.

3 Die Frühlingszwiebeln putzen, waschen, in feine Röllchen schneiden und in die Brühe geben. Kurz aufkochen lassen. Die Suppe mit Salz, Pfeffer und Rotweinessig abschmecken.

4 Die saure Sahne unter die Schlagsahne heben. Die Matjesfilets in 2 cm große Stücke schneiden. Den Dill waschen, trockentupfen und die Blättchen abzupfen.

5 Die Suppe in tiefe Teller geben und die Sahnemischung darauf anrichten. Auf jeden Sahneklecks einige Matjesstreifen geben und den Dill darüber streuen. Zu dieser Suppe passt kräftiges Graubrot, gebuttertes Schwarzbrot oder Pumpernickel.

Tipps

Rote Beten lassen sich einfach schälen, wenn Sie diese 3 Minuten in kochendes Wasser geben, abschrecken und im kalten Wasserbad die Haut mit leichtem Druck der Handflächen entfernen.
Verwenden Sie kleine Rote Beten, die ein feineres Aroma besitzen.
Die Suppe darf nicht mehr kochen, wenn der Essig hinzukommt, damit die Sahne nicht gerinnt.

Variationen

Statt der Matjesfilets können Sie Graved Lachs oder gewässerten Salzhering nehmen.

Erdnuss-Suppe aus Ghana

- ⊕ aufwärmen
- ⊖ deftig
- ⊖ vegetarisch
- ⊖ < 500 kcal
- ⊖ preiswert
- ⊖ schnell
- ⊖ einfach
- ⊕ ausgefallen

Zutaten

500 g Lammschulter ohne Knochen · 200 g Zwiebeln · 3 Knoblauchzehen · 500 g reife Fleischtomaten

2 EL Kokosfett

1 TL Salz · etwas schwarzer Pfeffer aus der Mühle · 1 l Lamm- oder Rinderbrühe (Instant)

2 Chilischoten

200 g Erdnusskerne (wenig oder nicht gesalzen)

Für 4 Personen
Zubereitungszeit: etwa 1 Std.
etwa 770 kcal je Portion

1 Die Lammschulter kalt abspülen, trockentupfen und in 1–2 cm große Stücke schneiden. Zwiebeln und Knoblauchzehen schälen und fein würfeln. Die Tomaten waschen, die Stielansätze herausschneiden und das Fruchtfleisch grob hacken.

2 Das Kokosfett in einem großen Topf erhitzen und das Fleisch darin kräftig anbraten. Zwiebel- und Knoblauchwürfel dazugeben und 3 Minuten mitbraten.

3 Die Tomatenstücke ebenfalls in den Topf geben und andünsten. Das Ganze etwas salzen und pfeffern, die Brühe dazugießen und die Suppe 25 Minuten zugedeckt köcheln lassen.

4 Die Chilischoten waschen, halbieren und die Kerne herauskratzen. Wenn man nicht mit Haushaltshandschuhen arbeitet, danach sofort die Hände waschen. Die Hälften 5 Minuten in der Suppe mitköcheln lassen und dann wieder herausnehmen.

5 Die Erdnusskerne in einem Mörser zu Mus zerstampfen, dieses in die Suppe geben und 1 Minute mitköcheln lassen. Die Suppe mit etwas Salz abschmecken und in 4 tiefe Teller verteilen.

Tipps

Falls Sie keinen Mörser zur Hand haben, können Sie die Erdnusskerne auch in einem Mixer zerkleinern. Wenn die Erdnusskerne stark gesalzen sind, sollten Sie beim Abschmecken die Salzmenge etwas verringern.

Fladenbrot oder gekochter Risottoreis ergänzen die Suppe hervorragend. Der Reis wird separat serviert und portionsweise in die Suppe gegeben.

Zutaten
1,5 kg reife Fleischtomaten
je 2 unbehandelte Limetten und Orangen · 1 Zitrone · 1 große Gemüsezwiebel
3 EL Olivenöl
6 Orangen · 1 EL Maismehl
1 Zweig Koriander · je 1 Bund Schnittlauch und glattblättrige Petersilie · 1 TL Salz · je 1 Prise Zucker, geriebene Muskatnuss und weißer Pfeffer aus der Mühle

Für 4 Personen
Zubereitungszeit: etwa 1 1/4 Std.
etwa 300 kcal je Portion

Karibische Orangen-Tomaten-Suppe

1 Die Tomaten über Kreuz einritzen, kurz überbrühen, abschrecken und enthäuten; vierteln, die Stielansätze herausschneiden und entkernen. Das Fruchtfleisch grob hacken.

2 Die Limetten und 2 Orangen heiß abwaschen. Die Schale hauchdünn abschälen und in sehr feine Streifen schneiden. Beide Orangen, die Limetten und die Zitrone auspressen. Die Zwiebel schälen und ebenfalls in sehr feine Streifen schneiden.

3 Das Olivenöl erhitzen und die Zwiebelscheiben sowie die Orangen- und Limettenschalen darin dünsten. Die Tomatenstücke hinzufügen und kurz mitdünsten. Orangen-, Limetten- und Zitronensaft dazugeben, alles 15 Minuten zugedeckt köcheln lassen. Die Suppe durch ein Sieb streichen, die Flüssigkeit auffangen und wieder zum Kochen bringen.

4 Die restlichen Orangen auspressen. Den Saft mit dem Maismehl glatt rühren und in die Tomatensuppe einrühren. Diese 5 Minuten zugedeckt köcheln lassen.

5 Koriander, Schnittlauch und Petersilie waschen, trockentupfen und fein hacken. Die Suppe mit Salz, Zucker, weißem Pfeffer und Muskat würzen, in 4 tiefe Teller geben und mit den Kräutern bestreuen. Mit Baguette servieren.

Tipp
Nehmen Sie keinen fertigen Orangensaft, da dieser beim Kochen bitter wird.

Variationen
Statt der frischen Tomaten können Sie auf Tomaten aus der Dose zurückgreifen, die Sie mit dem Saft verwenden. Der Koriander lässt sich durch Basilikum ersetzen.

- aufwärmen +
- deftig −
- vegetarisch +
- < 500 kcal +
- preiswert +
- schnell −
- einfach −
- ausgefallen +

Fischsuppe mit Kokossahne

- ⊕ aufwärmen
- ⊖ deftig
- ⊖ vegetarisch
- ⊕ < 500 kcal
- ⊖ preiswert
- ⊖ schnell
- ⊖ einfach
- ⊕ ausgefallen

1 Den Knoblauch und die Zwiebel schälen und fein würfeln. Die Chilischote waschen, der Länge nach halbieren, entkernen und das Fruchtfleisch in feine Streifen schneiden. Wenn man nicht mit Haushaltshandschuhen arbeitet, danach sofort die Hände waschen.

2 Den Lauch putzen, waschen und in 1 cm große Stücke schneiden. Die Mango schälen und das Fruchtfleisch rundherum vom Stein lösen und in feine Streifen schneiden.

3 Das Öl erhitzen und darin Knoblauch, Zwiebeln und Chili goldbraun braten. Die Mango- und die Lauchstücke dazugeben, den Geflügel- oder Fischfond angießen, alles aufkochen und 2 Minuten köcheln lassen. Die Kokossahne dazugeben und die Suppe ein weiteres Mal aufkochen lassen. Danach die Hitzezufuhr verringern.

4 Den Rotbarsch mit einer Pinzette oder Zange entgräten, kalt abspülen, trockentupfen und in 1 cm große Stücke schneiden. Die Garnelen längs halbieren und die dunklen Därme entfernen. Die Garnelen kalt abspülen und gut abtropfen lassen.

5 Die Rotbarschwürfel und die Garnelen in den sehr heißen, aber nicht kochenden Fond geben und 4 Minuten darin ziehen lassen. Die Suppe mit Salz, Curry, Muskat und Sherry abschmecken und zugedeckt warm halten.

6 Den Koriander und das Basilikum waschen, trockentupfen und die Blättchen abzupfen. Die Suppe in Tellern portionieren, mit den Kräutern bestreuen und mit Baguette oder indischem Fladenbrot servieren.

Zutaten

2 Knoblauchzehen · 1 große Zwiebel · 1 rote Chilischote

2 Stangen Lauch · 1 große, feste Mango

2 EL Erdnussöl · 1 l entfettete Geflügel- oder Fischbrühe (Instant) · 200 ml ungezuckerte Kokossahne oder -milch (aus dem asiatischen Spezialitätengeschäft)

300 g Rotbarschfilet · 200 g geschälte Garnelen

1 TL Salz · je 1 Prise Currypulver und geriebene Muskatnuss · 1 EL Sherry

1 Zweig Koriander · 12 Basilikumblättchen

Für 4 Personen
Zubereitungszeit: etwa 50 Min.
etwa 360 kcal je Portion

Tipp

Die Mango muss festes Fleisch und säuerlichen Geschmack haben, sonst wird die Suppe zu süß.

Variationen

Das Rotbarschfilet können Sie durch Zander- oder Karpfenfilets ersetzen. Wenn Sie die Suppe etwas sämiger mögen, fügen Sie 150 g gekochten Reis hinzu.

Zutaten

4 Hähnchenschenkel ·
1 Kokosnuss

2 grüne Bananen · 2 Limetten ·
1 TL Salz · $^1/_2$ TL Krabben- oder Shrimpspaste („Blachan" aus dem asiatischen Spezialitätengeschäft) · $^1/_4$ TL Chilisauce

1 Zweig Koriander

Für 4 Personen
Zubereitungszeit: etwa 50 Min.
etwa 520 kcal je Portion

Kokosnuss-Suppe aus Bahia

- + aufwärmen
- − deftig
- − vegetarisch
- + < 500 kcal
- − preiswert
- + schnell
- + einfach
- + ausgefallen

1 Die Hähnchenschenkel kalt abspülen, trockentupfen und an den Gelenken mit einem scharfen Messer halbieren. Die Schenkel in 1 $^1/_2$ l Wasser geben, alles aufkochen und 20 Minuten zugedeckt köcheln lassen. Inzwischen die Kokosnuss aufschlagen, das Wasser aus der Frucht abgießen und auffangen. Das Kokosfleisch aus den Hälften herausschälen und auf einer Reibe fein reiben.

2 Die Hähnchenteile aus dem Wasser nehmen und etwas abkühlen lassen. Das Fleisch von den Knochen lösen, in mundgerechte Stücke schneiden und mit dem Kokosnussfleisch und dem Kokosnusswasser in die Hühnerbrühe geben.

3 Die Bananen schälen, in feine Scheiben schneiden und ebenfalls hinzufügen. Die Limetten auspressen. Die Suppe mit Limettensaft, Salz, Krabbenpaste und Chilisauce kräftig abschmecken und noch einmal kurz aufkochen lassen.

4 Den Koriander waschen, trockentupfen, die Blättchen abzupfen und in die Suppe geben. Vor dem Servieren noch einige Minuten ziehen lassen.

Tipps

Die Kokosnuss lässt sich so öffnen: Schlagen Sie durch 2 der 3 Augen der Kokosnuss mit einem dicken Nagel jeweils ein Loch. Durch diese Löcher kann das Wasser ablaufen und aufgefangen werden. Die Schale können Sie nun mit einem Hammer rundum aufschlagen.
Einer jungen, grünen Kokosnuss sollten Sie den Vorzug geben, da diese der Suppe einen noch feineren, frischeren Geschmack verleiht.
Wenn die Kokosnuss kein Wasser enthält, greifen Sie einfach auf etwas Kokospaste oder -milch aus der Dose zurück.
Manche kulinarischen Hochgenüsse erschließen sich erst beim Kosten, denn zugegeben: ein Augenschmaus ist diese Suppe nicht.

Saudi-arabische Dattelsuppe

1 Die Lammkeule kalt abspülen, trockentupfen und in 1–2 cm große Würfel schneiden. Zwiebeln und Knoblauch schälen und fein hacken. Das Kokosfett in einem Topf erhitzen und die Fleischwürfel darin anbraten. Nach 5 Minuten die Zwiebel- und Knoblauchwürfel hinzugeben und weitere 3 Minuten braten.

2 Zum Fleisch 1 ¹/₂ l Wasser geben, Lorbeerblätter, Pfefferkörner und etwas Salz hinzufügen und die Suppe etwa 30 Minuten zugedeckt köcheln lassen.

3 Die Limetten auspressen und den Saft in die Suppe rühren. Von den Datteln die Haut abziehen, die Früchte halbieren, entkernen und in die Suppe geben. Diese mit Sternanis, Nelkenpulver und Salz kräftig abschmecken und zugedeckt warm halten.

4 Die Petersilie waschen, trockentupfen und die Blättchen von den Stielen zupfen. Die Suppe in 4 tiefe Teller geben, mit den Petersilieblättchen garnieren und mit Fladenbrot oder Baguette servieren.

Zutaten

500 g Lammkeule ohne Knochen · 100 g Zwiebeln · 2 Knoblauchzehen · 2 EL Kokosfett

2 Lorbeerblätter · $1/2$ TL schwarze Pfefferkörner · 1 TL Salz

3 Limetten · 300 g frische Datteln · je 1 Prise Sternanis- und Nelkenpulver · $1/2$ Bund glattblättrige Petersilie

Für 4 Personen
Zubereitungszeit: etwa 45 Min.
Garzeit: etwa 30 Min.
etwa 580 kcal je Portion

aufwärmen +
deftig +
vegetarisch −
< 500 kcal −
preiswert −
schnell −
einfach −
ausgefallen +

Tipps

Legen Sie die Datteln kurz vor dem Schälen in ein Gefrierfach, dann wird die Schale fester und lässt sich leichter abziehen.
Die Petersilie können Sie durch Koriander ersetzen.

Enten-Curry-Suppe mit Mango

- ⊕ aufwärmen
- ⊕ deftig
- ⊖ vegetarisch
- ⊕ < 500 kcal
- ⊖ preiswert
- ⊖ schnell
- ⊖ einfach
- ⊕ ausgefallen

Zutaten

2 junge Entenschenkel oder
4 Entenkeulen · etwas Salz

100 g Knollensellerie · 1 Möhre ·
100 g Zwiebeln · 2 Lorbeerblätter ·
8 schwarze Pfefferkörner

2 Knoblauchzehen · 40 g Ingwer ·
1 nicht zu reife Mango ·
2 Frühlingszwiebeln

2 EL Zitronen- oder Pflanzenöl ·
1 TL Currypulver · 1 Spritzer
Sojasauce

8 Blättchen Basilikum ·
1 Zweig Koriander

Für 4 Personen
Zubereitungszeit: etwa 1 Std.
Garzeit: etwa 40 Min.
etwa 410 kcal je Portion

Tipps

Achten Sie darauf, dass die Mango fest ist, weil sie dann noch ihre Säure besitzt und der Suppe einen spritzigen Geschmack gibt.
Wenn Sie kein Zitronenöl bekommen können, verwenden Sie Pflanzenöl und die abgeriebene Schale von 1/2 unbehandelten Zitrone.
Typischerweise wird thailändischer Klebreis zur Suppe gegessen. Dieser wird in kleinen Portionen in die Suppe gegeben, aber nicht untergerührt.

1 Das Entenfleisch kalt abspülen, in einen Topf mit 1 1/2 l Wasser und 1/4 TL Salz geben und alles zum Kochen bringen. Nach 3 Minuten den Schaum abschöpfen.

2 Den Sellerie und die Möhre waschen, schälen und klein schneiden. Die Zwiebeln ebenfalls schälen und würfeln. Alles zusammen mit den Lorbeerblättern und den Pfefferkörnern zur Suppe geben und diese 40 Minuten zugedeckt köcheln lassen.

3 Die Ententeile aus der Suppe nehmen, etwas abkühlen lassen und die Haut entfernen. Das Fleisch von den Knochen lösen, in Streifen schneiden und beiseite legen. Die Brühe durch ein Sieb gießen und auffangen.

4 Knoblauch und Ingwer schälen und hacken. Die Mango schälen, das Fruchtfleisch vom Stein abschneiden und klein würfeln. Die Frühlingszwiebeln putzen, waschen und in 1 cm große Stücke schneiden.

5 Das Öl erhitzen und darin die Gemüse- und die Mangostücke anbraten. Die Stücke mit dem Currypulver bestäuben, umrühren und den Entenfond angießen. Die Suppe 5 Minuten zugedeckt köcheln lassen, das Entenfleisch hineingeben und heiß werden lassen. Die Suppe mit Salz und Sojasauce abschmecken.

6 Basilikum und Koriander waschen, trockentupfen und abzupfen. Die Blättchen in feine Streifen schneiden. Die Suppe in 4 tiefe Teller geben und mit den Kräutern bestreuen.

Sommersuppe mit Schafskäse

- ⊕ aufwärmen
- ⊖ deftig
- ⊕ vegetarisch
- ⊕ < 500 kcal
- ⊕ preiswert
- ⊖ schnell
- ⊕ einfach
- ⊖ ausgefallen

Zutaten

200 g Zwiebeln · 3 Knoblauchzehen · je 1 rote und grüne Paprikaschote · 1 kleine Salatgurke · 200 g Zucchini

1 kg Fleischtomaten · 1/4 l Tomatensaft · 1/4 l Gemüsebrühe (Instant)

3 EL Olivenöl

1 TL Salz · etwas weißer Pfeffer aus der Mühle · 1 Prise Cayennepfeffer

1 Bund Petersilie · 12 Blättchen Basilikum · 1 Zweig Oregano · 1 Bund Schnittlauch

1/2 Baguette (etwa 125 g) · 100 g Schafskäse · 1 EL Olivenöl

Für 4 Personen
Zubereitungszeit: etwa 1 Std.
etwa 340 kcal je Portion

1 Zwiebeln und Knoblauch schälen und hacken. Die Paprikaschoten halbieren, Stiele und Kerne entfernen, die Schoten waschen und würfeln. Die Gurke und die Zucchini putzen, schälen und würfeln.

2 Die Fleischtomaten waschen und die Stielansätze herausschneiden. Das Fruchtfleisch grob zerkleinern und mit dem Tomatensaft und der Gemüsebrühe pürieren und durch ein Sieb streichen.

3 Dann 3 EL Olivenöl erhitzen und die Zwiebel- und Knoblauchwürfel darin anbraten. Das übrige Gemüse dazugeben und zugedeckt 4 Minuten dünsten.

4 Die Tomatenbrühe zum Gemüse geben, alles aufkochen und 2 Minuten kochen lassen. Die Suppe mit Salz, Pfeffer aus der Mühle und Cayennepfeffer würzen. Den Backofengrill vorheizen.

5 Petersilie, Basilikum, Oregano und Schnittlauch waschen, trockentupfen und fein schneiden. Die Kräuter in die Suppe geben und diese zugedeckt warm halten.

6 Das Baguette in 1 1/2 cm dicke Scheiben schneiden und diese unter dem Grill goldgelb rösten. Den Schafskäse mit dem restlichen Olivenöl zerdrücken und die Mischung auf die Brotscheiben geben.

7 Die Käsecroûtons unter dem Grill überbacken. Die Suppe in 4 tiefe Teller geben und die Käsecroûtons dazu servieren.

Variationen

Wenn Sie cremige Suppen lieben, rühren Sie einige Löffel Joghurt ein. Achten Sie darauf, dass die Suppe danach nicht mehr kocht, da sie sonst gerinnt.
Den Schafskäse können Sie durch Pecorino, einen italienischen Hartkäse aus Schafsmilch, ersetzen.

Pinzgauer Knoblauchsuppe

- ⊖ aufwärmen
- ⊕ deftig
- ⊕ vegetarisch
- ⊖ < 500 kcal
- ⊕ preiswert
- ⊕ schnell
- ⊕ einfach
- ⊖ ausgefallen

Zutaten

6 Knoblauchzehen ·
100 g Zwiebeln · 1 große Möhre

2 EL Butter · 2 EL Mehl ·
3/4 l Geflügelbrühe (Instant)

50 g Bergkäse oder Emmentaler ·
500 g Sahne · 2 frische Eigelbe ·
1 TL Salz · etwas weißer Pfeffer aus der Mühle · 1 Prise geriebene Muskatnuss · 1/8 l trockener Weißwein

1 Bund Petersilie

Für 4 Personen
Zubereitungszeit: etwa 40 Min.
etwa 640 kcal je Portion

1 Knoblauch und Zwiebeln schälen und hacken. Die Möhre waschen, schälen und fein würfeln.

2 Die Butter in einem Topf erhitzen und das Gemüse darin anbraten. Das Mehl hinzugeben und unter ständigem Rühren 1 Minute anschwitzen. Das Gemüse mit der Geflügelbrühe ablöschen, dabei weiterrühren. Dann 5 Minuten zugedeckt köcheln lassen.

3 Den Käse entrinden und fein reiben. Sahne und Eigelbe mit dem Käse verrühren, in die nicht mehr kochende Suppe geben und unter Rühren noch einmal erhitzen, aber nicht aufkochen lassen! Die Suppe mit Salz, Pfeffer, Muskat und Weißwein abschmecken.

4 Die Petersilie waschen, trockentupfen, die Blättchen abzupfen und fein hacken. Die Suppe in 4 tiefe Teller geben und mit der Petersilie bestreuen. Als Beilage eignet sich Zwiebelbaguette oder ein kräftig gebackenes Weißbrot.

Variation
Sie können statt der Geflügelbrühe Milch verwenden. Dann muss die Suppe kräftiger abgeschmeckt werden.

Zutaten

500 g Schweineschulter · 250 g Zwiebeln · 2 Knoblauchzehen
400 g Fleischtomaten
6 EL Schweineschmalz
1 EL Rosenpaprika · 1/2 TL scharfes Paprikapulver · 1 1/2 l Kalbs- oder Rinderbrühe (Instant) · etwas Salz · 2 Lorbeerblätter
4 große Kartoffeln · 150 g rote oder gelbe Linsen
80 g magerer Speck · 1 Stange Lauch

Für 4 Personen
Zubereitungszeit: etwa 50 Min.
Garzeit: etwa 30 Min.
etwa 1040 kcal je Portion

Ungarische Linsensuppe

1 Das Schweinefleisch kalt abspülen, trockentupfen und in 2 cm große Würfel schneiden. Zwiebeln und Knoblauch schälen und in feine Streifen schneiden.

2 Die Tomaten über Kreuz einritzen, kurz überbrühen, abschrecken und enthäuten; dann vierteln, die Stielansätze heraus schneiden, die Tomate entkernen und in grobe Stücke hacken.

3 Dann 3 EL Schweineschmalz in einem Topf erhitzen und darin das Fleisch 5 Minuten goldbraun anbraten. Zwiebeln und Knoblauch dazugeben und 5 Minuten unter ständigem Rühren dünsten. Die Tomatenstücke zu der Fleisch-Zwiebel-Mischung geben und 3 Minuten schmoren lassen.

4 Das Paprikapulver unterrühren. Alles mit der Brühe ablöschen, Salz und Lorbeerblätter hinzufügen und aufkochen lassen.

5 Die Kartoffeln waschen, schälen, in 2 cm große Würfel schneiden und diese in die Suppe geben. Die Linsen gut waschen und ebenfalls hinzufügen. Alles 30 Minuten zugedeckt köcheln lassen.

6 Den Speck fein würfeln. Den Lauch putzen, waschen, halbieren und in Streifen schneiden. Beides im restlichen Schmalz goldbraun braten und zur Suppe geben. Mit Salz abschmecken und mit einem kräftigen, dunklen Bauernbrot servieren.

Variationen
Wenn Sie Dosentomaten verwenden, schütten Sie die Flüssigkeit ab, zerkleinern die Tomaten grob und geben diese erst 10 Minuten vor Ende der Garzeit der Linsen zur Suppe.
Das Schweinefleisch können Sie durch Lamm- oder Rindfleisch ersetzen.

Tipp
Sollte Ihnen die Suppe zu scharf sein, rühren Sie 1 EL saure Sahne in jeden Teller.

- aufwärmen +
- deftig +
- vegetarisch −
- < 500 kcal −
- preiswert −
- schnell −
- einfach −
- ausgefallen −

Bouillabaisse Marseiller Art mit Aioli

- aufwärmen
- deftig
- vegetarisch
- < 500 kcal
- preiswert
- schnell
- einfach
- ausgefallen

1 Die Knoblauchzehe durch eine Presse drücken und mit der Milch, den Eigelben sowie etwas Salz und Pfeffer verrühren.

2 Das Olivenöl erst tropfenweise, dann etwas zügiger mit dem Schneebesen einrühren. Dabei darauf achten, dass die Aioli nicht gerinnt. Die Aioli zugedeckt in den Kühlschrank stellen.

3 Den restlichen Knoblauch schälen und in feine Scheiben schneiden. Den Fenchel waschen, putzen und in 1 cm dicke Scheiben schneiden. Die Tomaten über Kreuz einritzen, kurz überbrühen, abschrecken und enthäuten; dann vierteln, die Stielansätze herausschneiden, entkernen und das Fruchtfleisch würfeln. Die Frühlingszwiebeln putzen, waschen und klein schneiden.

4 Rosmarin und Thymian waschen, trockentupfen und klein schneiden. Die Fischbrühe erhitzen. Das Gemüse und die Kräuter dazugeben und 6 Minuten zugedeckt köcheln lassen.

5 Die Fischfilets kalt abspülen, trockentupfen, in 3 cm große Stücke schneiden und mit dem Safran in den Sud geben. Die Muscheln in kaltem Wasser mehrmals gut waschen, den Bart entfernen und abtropfen lassen. Alle Muscheln, die sich nicht schließen, wegwerfen. Die restlichen Muscheln in die Suppe geben. Mit etwas Salz, Pfeffer, Tabasco und Anisschnaps abschmecken und 6 Minuten zugedeckt köcheln lassen. Die Muscheln, die sich dann nicht geöffnet haben, entfernen.

6 Das Baguette in dünne Scheiben schneiden und mit der Aioli zur Suppe servieren.

Zutaten

Für die Aioli

2 Knoblauchzehen · 3 EL Milch · 2 frische Eigelbe · etwas Salz und Pfeffer aus der Mühle

1/4 l Olivenöl

Für die Suppe

2 Knoblauchzehen · 400 g Fenchel · 4 große Fleischtomaten · 3 Frühlingszwiebeln

je 1 Zweig Rosmarin und Thymian · 1 1/2 l Fischbrühe (Instant)

250 g Seeteufelfilet · 150 g Steinbuttfilet · 250 g Seeaal · 2 kleine Döschen Safranpulver · 250 g Miesmuscheln · etwas Salz und weißer Pfeffer aus der Mühle · 1 Spritzer Tabasco · 2 EL Anisschnaps (Pastis)

1/2 Baguette (etwa 125 g)

Für 4 Personen
Zubereitungszeit:
etwa 1 1/4 Std.
etwa 1210 kcal je Portion

Truthahneintopf mit roten Linsen

- aufwärmen
- deftig
- vegetarisch
- < 500 kcal
- preiswert
- schnell
- einfach
- ausgefallen

Zutaten

600 g Truthahn (oder Pute) ohne Knochen · 1,2 l Geflügelbrühe (Instant)

150 g Zwiebeln · 2 Lorbeerblätter · 1 Zweig Thymian · etwas Salz

1 Möhre · je 1 Stange Staudensellerie und Lauch

2 EL Butter · 2 EL Mehl · 250 g Sahne

100 g rote Linsen

etwas weißer Pfeffer aus der Mühle · 1 Spritzer Tabasco

Für 4 Personen
Zubereitungszeit: etwa 1 1/4 Std.
Garzeit: etwa 40 Min.
etwa 770 kcal je Portion

Tipp
Um den Eintopf sämiger zu machen, können Sie statt des Mehls auch 200 g Kartoffeln nehmen. Diese schälen, gar kochen und durch eine Kartoffelpresse in den Eintopf drücken.

1 Das Fleisch kalt abspülen, trockentupfen, in 2 cm große Würfel schneiden und diese in einem Topf mit der Brühe zum Kochen bringen. Nach 3 Minuten den Schaum abschöpfen.

2 Die Zwiebeln schälen, halbieren und mit den Lorbeerblättern, dem Thymian und etwas Salz in den Sud geben. Alles 40 Minuten zugedeckt köcheln lassen. Die Putenfleischwürfel herausnehmen und beiseite legen. Die Brühe durch ein Sieb gießen und auffangen.

3 Die Möhre und den Sellerie waschen und schälen. Den Lauch putzen und waschen. Alles in feine Streifen schneiden. Vom Sellerie einige grüne Blätter für die Garnierung zurückbehalten.

4 Die Butter in einem Topf erhitzen und darin das Gemüse kurz dünsten, dann mit Mehl bestäuben und dieses etwa 1 Minute anschwitzen. Alles mit der Brühe und der Sahne unter Rühren ablöschen. Den Eintopf 10 Minuten zugedeckt köcheln lassen.

5 Inzwischen die Linsen waschen, in einem Topf mit 1 l kaltem Wasser und etwas Salz zum Kochen bringen und etwa 12 Minuten köcheln lassen, bis die Linsen gerade noch bissfest sind. Die Linsen in ein Sieb schütten, mit kaltem Wasser abspülen und in den Eintopf geben.

6 Das Putenfleisch zurück in den Eintopf geben und diesen mit Salz, Pfeffer und Tabasco abschmecken. Den Eintopf einmal aufkochen lassen und zugedeckt warm halten.

7 Die Sellerieblätter waschen, trockentupfen und in feine Streifen schneiden. Den Eintopf in 4 tiefe Teller geben und mit den Selleriestreifen bestreuen. Laugengebäck schmeckt dazu besonders gut.

Zutaten

750 g Rinderbrust · 1 TL Salz
100 g Zwiebeln · 1 große Möhre ·
500 g reife Fleischtomaten ·
500 g Weißkohl · 80 g Rosinen
60 g brauner Rohrzucker ·
4 EL Butter · Saft von 2 Zitronen
etwas scharzer Pfeffer aus der Mühle · 1 Prise Kreuzkümmel
je 1 Bund Petersilie und Schnittlauch

Für 4 Personen
Zubereitungszeit: etwa 1 Std.
Garzeit: etwa 2 1/2 Std.
etwa 770 kcal je Portion

Israelische Kohlsuppe

- ⊕ aufwärmen
- ⊕ deftig
- ⊖ vegetarisch
- ⊖ < 500 kcal
- ⊖ preiswert
- ⊖ schnell
- ⊖ einfach
- ⊕ ausgefallen

1 Die Rinderbrust kalt abspülen, in einen Topf mit 1 1/2 l Wasser und dem Salz geben, aufkochen und 2 Stunden zugedeckt köcheln lassen. Das Fleisch heraus nehmen, den Sud durch ein Sieb gießen und auffangen.

2 Die Zwiebeln schälen. Die Möhre waschen und schälen. Beides in feine Scheiben schneiden. Die Tomaten waschen, die Stielansätze entfernen und das Fruchtfleisch fein würfeln. Vom Kohl die äußeren Blätter entfernen, den Rest waschen und in feine Streifen schneiden. Die Rosinen waschen.

3 In einem Topf den Zucker in der Butter bei schwacher Hitze schmelzen und dann unter ständigem Rühren vorsichtig mit dem Zitronensaft ablöschen. Das Gemüse und die Rosinen hinzufügen und 2 Minuten andünsten. Den Rinderfond dazugießen und 20 Minuten zugedeckt köcheln lassen.

4 Das Rindfleisch in Streifen schneiden, in die Suppe geben und mit erhitzen. Die Suppe mit Pfeffer und Kreuzkümmel abschmecken und zugedeckt warm halten.

5 Petersilie und Schnittlauch waschen, trockentupfen und fein hacken. Die Suppe in 4 tiefe Teller geben und mit den Kräutern bestreuen. Dazu passt Knoblauchbrot oder Fladenbrot.

Tipp
Schneiden Sie das Fleisch erst in Streifen, wenn es kalt ist, da es sonst zerfällt.

Zutaten

800 g Beinscheiben vom Rind · 200 g magerer, geräucherter Bauchspeck in Scheiben · 2 Lorbeerblätter

100 g Zwiebeln · 1 Möhre · 100 g Petersilienwurzeln · 300 g Rote Beten · 1 kleiner Kopf Weißkohl

1 Zweig glattblättrige Petersilie

1 TL Salz · 1 Prise Zucker · etwas weißer Pfeffer aus der Mühle · 1 EL Weißweinessig

100 g saure Sahne

Für 4 Personen
Zubereitungszeit: etwa 40 Min.
Garzeit: etwa 1 1/4 Std.
etwa 860 kcal je Portion

Ukrainischer Borschtsch

1 Die Beinscheiben kalt abspülen, mit Speck und Lorbeerblättern in einen Topf mit 2 l Wasser geben, aufkochen und 1 Stunde zugedeckt köcheln lassen.

2 Zwiebeln, Möhre, Petersilienwurzeln und Rote Beten schälen und in feine Streifen schneiden. Von dem Weißkohl die Außenblätter entfernen, den Kohl mit einem großen Messer vierteln, den Strunk herausschneiden, die Kohlviertel waschen und in feine Streifen schneiden.

3 Die Beinscheiben aus der Brühe nehmen und zur Seite legen. Die Brühe durch ein feines Sieb passieren, auffangen und in einem Topf wieder zum Kochen bringen. Das Gemüse hineingeben und 20 Minuten zugedeckt köcheln lassen. Die Petersilie waschen, trockentupfen und die Blättchen von den Stielen zupfen.

4 Die Suppe mit Salz, Zucker, Pfeffer und Essig abschmecken. Das Fleisch von den Knochen lösen und mit dem Speck in kleine Streifen schneiden. Beides wieder in die Suppe geben und diese noch einmal aufkochen lassen.

5 Die Suppe in 4 tiefe Teller geben, jeweils 1–2 EL saure Sahne darauf geben, alles mit der Petersilie bestreuen und mit einem kräftigen Graubrot und eingelegten Gurken servieren.

- aufwärmen +
- deftig +
- vegetarisch −
- < 500 kcal −
- preiswert −
- schnell −
- einfach −
- ausgefallen −

Andalusische Avocadosuppe

- ⊕ aufwärmen
- ⊖ deftig
- ⊖ vegetarisch
- ⊖ < 500 kcal
- ⊖ preiswert
- ⊕ schnell
- ⊕ einfach
- ⊖ ausgefallen

Zutaten

200 g rote Zwiebeln · 2 Knoblauchzehen · 150 g magerer, luftgetrockneter Bauchspeck · 1 EL Olivenöl · 1 1/2 l Geflügelbrühe (Instant)

500 g reife Fleischtomaten

3 Avocados · 1 Frühlingszwiebel

1 Zweig Majoran

1 TL Salz · 1 Prise roter spanischer Pfeffer · 1 Spritzer Rotweinessig

Für 4 Personen
Zubereitungszeit: etwa 50 Min.
etwa 720 kcal je Portion

1 Zwiebeln und Knoblauch schälen und in dünne Scheiben schneiden. Den Speck fein würfeln. Das Olivenöl in einem Topf erhitzen und darin Speck, Knoblauch und Zwiebeln kurz anbraten. Die Geflügelbrühe dazugießen und alles 15 Minuten zugedeckt köcheln lassen.

2 Inzwischen die Tomaten über Kreuz einritzen, kurz überbrühen, abschrecken und enthäuten. Sie dann vierteln, die Stielansätze herausschneiden und die Tomaten entkernen. Das Fruchtfleisch klein würfeln.

3 Die Avocados schälen, halbieren, entkernen und ebenfalls klein würfeln. Die Frühlingszwiebel waschen, putzen und in feine Röllchen schneiden.

4 Das Gemüse in die Suppe geben und 2 Minuten zugedeckt köcheln lassen. Den Majoran waschen, trockentupfen und die Blättchen abzupfen.

5 Die Suppe mit Salz, Pfeffer, Essig und den Majoranblättchen abschmecken, noch einmal kurz aufkochen lassen und in 4 tiefe Teller geben. Dazu schmecken geröstete, mit Knoblauch abgeriebene Baguettescheiben.

Variation

Sie können die Suppe mit 2 EL Olivenscheiben bestreuen.

Tipps

Wenn sich die Avocados mit einem Finger etwas eindrücken lassen, haben sie den richtigen Reifegrad. Köcheln Sie die Suppe nicht zu lange, denn die Avocado wird durch Hitze leicht bitter.

Zutaten

100 g Schalotten · 4 Knoblauchzehen · 50 g Ingwer · 400 g Hähnchenbrustfilets

2 EL Kokosfett · 2 EL Currypulver · 1 EL Mehl · 1 l Geflügelbrühe (Instant)

1 Mango · 100 g Mango-Chutney · 1 TL Salz · 1/2 TL Worcestersauce

250 g Sahne · 100 g Kokossahne oder -milch (aus der Dose) · 2 frische Eigelbe

1 Bund Koriander

Für 4 Personen
Zubereitungszeit: etwa 45 Min.
Garzeit: etwa 30 Min.
etwa 530 kcal je Portion

Indische Currysuppe

1 Schalotten, Knoblauch und Ingwer schälen und fein würfeln. Die Hähnchenbrustfilets kalt abspülen, trockentupfen und in feine Streifen schneiden.

2 Das Kokosfett in einem Topf erhitzen und darin Gemüse und Fleisch anbraten und mit Currypulver und Mehl bestäuben. Alles unter ständigem Rühren anschwitzen. Die Brühe zur Gemüse-Fleisch-Mischung gießen und 30 Minuten zugedeckt bei schwacher Hitze köcheln lassen.

3 Die Mango schälen, das Fruchtfleisch vom Stein abschneiden und fein würfeln. Das Mango-Chutney fein schneiden und zusammen mit den Mangowürfeln in die Suppe geben. Diese mit Salz, Worcestersauce und eventuell mit etwas Currypulver abschmecken.

4 Sahne, Kokossahne und frische Eigelbe verrühren und zur Suppe geben. Diese erneut unter Rühren erhitzen, aber nicht aufkochen lassen, und zugedeckt warm halten.

5 Den Koriander waschen, trockentupfen und fein hacken. Die Suppe in 4 tiefe Teller geben und mit dem Koriander bestreuen. Zu dieser Suppe passt Basmatireis und Roti oder Chapati. Das sind indische Fladenbrote, die man in asiatischen Feinkostläden erhält.

Tipps

Verwenden Sie keine zu reife Mango, denn sie zerfällt beim Garen sehr schnell. Achten Sie beim Kauf des Currypulvers auf gute Qualität; günstigere Sorten können leicht bitter werden.

aufwärmen ⊕
deftig ⊖
vegetarisch ⊖
< 500 kcal ⊖
preiswert ⊖
schnell ⊖
einfach ⊕
ausgefallen ⊖

Variationen

Sie können die Hähnchenbrustfilets durch Putenbrustfilets ersetzen. Wenn Sie keinen Koriander zur Verfügung haben, nehmen Sie glattblättrige Petersilie.

Alphabetisches Rezeptverzeichnis

Rezeptverzeichnis nach Kapiteln

Klassisch

Trendy

International

Abkürzungen

EL = Esslöffel (gestrichen)
TL = Teelöffel (gestrichen)
Msp. = Messerspitze
P. = Päckchen
TK-... = Tiefkühl-...
l = Liter
ml = Milliliter
cl = Zentiliter
kcal = Kilokalorien
ca. = circa
Min. = Minute(n)
Std. = Stunde(n)
Ø = Durchmesser
°C = Grad Celsius
cm = Zentimeter

Umrechnungstabelle

1 l = 1000 ml
1 Tasse = 150 ml
1 Wasserglas = 200 ml
1 Esslöffel = 15 ml
1 Teelöffel = 5 ml

Impressum

ISBN 978-3-8094-3327-9

1. Auflage

Umschlaggestaltung: Atelier Versen, Bad Aibling
Layout: Johannes Steil, Wiesbaden
Lektorat: Sabine Lemb, Flörsheim
Redaktion: Sigrid Blank, Dirk Katzschmann und Olaf Rappold (red.sign, Stuttgart)
Koordination und Schlussredaktion: Anja Halveland
Redaktion für diese Ausgabe: Birte Schrader
Rezeptfotos und weitere Fotos im Innenteil: Damir Begovic, Hamburg
Foodstyling und Rezept S. 18: Stevan Paul, Hamburg
Satz: red.sign, Stuttgart
Satz für diese Ausgabe: Regg Media, München
Reproduktion: Lithotronic, Frankfurt
Druck: Neografia, Martin
Printed in Slovakia

FSC® MIX Papier aus verantwortungsvollen Quellen FSC® C020353 www.fsc.org

Verlagsgruppe Random House FSC® N001967
Das für dieses Buch verwendete FSC®-zertifizierte Papier *Profimatt* liefert Sappi, Ehingen.
639 2764 0101